U0524553

会计法
一本通

法规应用研究中心 编

中国法制出版社
CHINA LEGAL PUBLISHING HOUSE

차 례

编 辑 说 明

"法律一本通"系列丛书自 2005 年出版以来,以其科学的体系、实用的内容,深受广大读者的喜爱。2007 年、2011 年、2014 年、2016 年、2018 年、2019 年、2021 年我们对其进行了改版,丰富了其内容,增强了其实用性,博得了广大读者的赞誉。

我们秉承"以法释法"的宗旨,在保持原有的体例之上,今年再次对"法律一本通"系列丛书进行改版,以达到"应办案所需,适学习所用"的目标。新版丛书具有以下特点:

1. 丛书以主体法的条文为序,逐条穿插关联的现行有效的法律、行政法规、部门规章、司法解释、请示答复和部分地方规范性文件,以方便读者理解和适用。

2. 丛书紧扣实践和学习两个主题,在目录上标注了重点法条,并在某些重点法条的相关规定之前,对收录的相关文件进行分类,再按分类归纳核心要点,以便读者最便捷地查找使用。

3. 丛书紧扣法律条文,在主法条的相关规定之后附上案例指引,收录最高人民法院、最高人民检察院指导性案例、公报案例以及相关机构公布的典型案例的裁判摘要、案例要旨或案情摘要等。通过相关案例,可以进一步领会和把握法律条文的适用,从而作为解决实际问题的参考。并对案例指引制作索引目录,方便读者查找。

4. 丛书以脚注的形式,对各类法律文件之间或者同一法律文件不同条文之间的适用关系、重点法条疑难之处进行说明,以便读者系统地理解我国现行各个法律部门的规则体系,从而更好地为教学科研和司法实践服务。

5. 丛书结合二维码技术的应用为广大读者提供增值服务,扫描前勒口二维码,即可免费部分使用中国法制出版社推出的【法融】数据库。【法融】数据库中"国家法律法规"栏目便于读者查阅法律文件准确全文及效力,"最高法指导案例"和"最高检指导案例"两个栏目提供最高人民法院和最高人民检察院指导性案例的全文,为读者提供更多增值服务。

目 录

中华人民共和国会计法

第一章 总 则

第 一 条【立法宗旨】 …………………………… 1
★ 第 二 条【适用范围】 …………………………… 4
第 三 条【建账】 ………………………………… 9
第 四 条【单位负责人责任】 …………………… 13
第 五 条【会计机构、会计人员履行职责的法律保护】…… 17
第 六 条【对会计人员的奖励】 ………………… 20
第 七 条【会计工作管理体制】 ………………… 22
★ 第 八 条【制定会计制度的权限】 ……………… 27

第二章 会计核算

第 九 条【真实性原则】 ………………………… 32
★ 第 十 条【会计核算对象】 ……………………… 37
第十一条【会计年度】 …………………………… 40
第十二条【会计核算的记账本位币】 …………… 43
第十三条【对会计资料的要求】 ………………… 46
第十四条【对会计凭证的要求】 ………………… 52
第十五条【会计账簿登记要求】 ………………… 61
第十六条【各单位的经济业务事项】 …………… 66
第十七条【对账制度】 …………………………… 73

第十八条【会计处理方法的基本要求】 …………… 75
第十九条【或有事项的披露】 …………………… 87
第二十条【财务会计报告的编制、财务报告的
　　　　　组成及其对外提供的要求】 …………… 90
第二十一条【财务会计报告签章】 ………………… 110
第二十二条【会计记录文字】 ……………………… 112
★ 第二十三条【会计档案的保管】 ………………… 114
第二十四条【会计核算中的禁止性行为】 ………… 125

第三章　会计监督

★ 第二十五条【单位内部会计监督制度】 ………… 134
第二十六条【会计机构、会计人员依法履行职责的
　　　　　　保障】 …………………………………… 139
第二十七条【会计机构、会计人员应当保证会计账簿
　　　　　　记录真实】 ……………………………… 144
第二十八条【全社会参与会计监督】 ……………… 149
第二十九条【审计报告客观性的保障】 …………… 150
第三十条【财政部门对会计工作的监督】 ………… 152
★ 第三十一条【对会计资料的监督检查】 ………… 158
★ 第三十二条【监督部门及其工作人员的保密义务】 …… 161
第三十三条【各单位接受和配合监督检查的义务】 …… 164

第四章　会计机构和会计人员

★ 第三十四条【会计机构和总会计师的设置】 …………… 167
第三十五条【机构内部稽核制度和出纳人员工作
　　　　　　岗位制度】 ……………………………… 172
第三十六条【会计人员从业资格】 ………………… 175

- ★ 第三十七条【会计人员的教育和培训】 …………… 178
- ★ 第三十八条【不得从事会计工作的情形】 ………… 181
-   第三十九条【会计工作交接】 ………………………… 183

第五章 法律责任

- ★ 第 四 十 条【违反会计制度的责任】 ………………… 187
- ★ 第四十一条【伪造、变造会计资料的责任】 ………… 191
- ★ 第四十二条【授意、指使、强令他人伪造、变造或者
  隐匿、故意销毁会计资料的责任】 ………… 195
- ★ 第四十三条【单位负责人打击报复的责任】 ………… 198
- ★ 第四十四条【相关国家机关工作人员滥用职权、
  玩忽职守等行为的责任】 ………………… 199
- ★ 第四十五条【泄露检举人姓名和检举材料的责任】 ……… 209
- ★ 第四十六条【从轻、减轻和不予处罚的情形】 ……… 209
- ★ 第四十七条【违反两种以上法律时的处罚】 ………… 211

第六章 附 则

-   第四十八条【对用语的解释】 ………………………… 212
- ★ 第四十九条【军队会计制度的制定办法】 …………… 213
-   第 五 十 条【个体工商户会计管理的具体办法的制定】 … 213
-   第五十一条【施行日期】 ……………………………… 213

附录一

中华人民共和国注册会计师法 ……………………… 214
（2014 年 8 月 31 日）

企业会计准则——基本准则 …………………………… 223
　　（2014 年 7 月 23 日）
行政单位财务规则 ………………………………………… 231
　　（2023 年 1 月 28 日）
事业单位财务规则 ………………………………………… 241
　　（2022 年 1 月 7 日）

附录二

本书所涉文件目录 ………………………………………… 253

案例索引目录

- 广州市某门诊部有限公司、姜某等与公司有关的纠纷案 ········ 4
- 谭某、区某等合伙合同纠纷案 ················· 8
- 公安县某物流有限责任公司与湖北某运输股份有限公司股东知情权纠纷案 ················· 11
- 厦门某会计师事务所、陈某亮等提供虚假证明文件案 ········ 12
- 投资者诉昌某股份公司、东某证券公司、大某会计师事务所证券虚假陈述责任纠纷案 ············· 12
- 某上市公司信息披露违法违规案 ················ 16
- 李某兰与四川某体育文化传播有限公司、李某服务合同纠纷案 ································· 17
- 李某军与霸州市某某四公司、李某民借款合同纠纷案 ········ 20
- 连云港市某工程有限公司、郑某等股东知情权纠纷案 ········ 61
- 某公司1等与李某民间借贷纠纷案 ··············· 111
- 房某、宜昌某运输股份有限公司劳动合同纠纷案 ········· 183

中华人民共和国会计法

（1985年1月21日第六届全国人民代表大会常务委员会第九次会议通过 根据1993年12月29日第八届全国人民代表大会常务委员会第五次会议《关于修改〈中华人民共和国会计法〉的决定》第一次修正 1999年10月31日第九届全国人民代表大会常务委员会第十二次会议修订 根据2017年11月4日第十二届全国人民代表大会常务委员会第三十次会议《关于修改〈中华人民共和国会计法〉等十一部法律的决定》第二次修正 根据2024年6月28日第十四届全国人民代表大会常务委员会第十次会议《关于修改〈中华人民共和国会计法〉的决定》第三次修正）

目　　录

第一章　总　　则
第二章　会计核算
第三章　会计监督
第四章　会计机构和会计人员
第五章　法律责任
第六章　附　　则

第一章　总　　则

第一条　立法宗旨[①]

为了规范会计行为，保证会计资料真实、完整，加强经济管理和财务管理，提高经济效益，维护社会主义市场经济秩序，制定本法。

[①] 条文主旨为编者所加，下同。

● 宪 法

1. 《宪法》（2018年3月11日）①

第14条 国家通过提高劳动者的积极性和技术水平，推广先进的科学技术，完善经济管理体制和企业经营管理制度，实行各种形式的社会主义责任制，改进劳动组织，以不断提高劳动生产率和经济效益，发展社会生产力。

国家厉行节约，反对浪费。

国家合理安排积累和消费，兼顾国家、集体和个人的利益，在发展生产的基础上，逐步改善人民的物质生活和文化生活。

国家建立健全同经济发展水平相适应的社会保障制度。

第15条 国家实行社会主义市场经济。

国家加强经济立法，完善宏观调控。

国家依法禁止任何组织或者个人扰乱社会经济秩序。

第28条 国家维护社会秩序，镇压叛国和其他危害国家安全的犯罪活动，制裁危害社会治安、破坏社会主义经济和其他犯罪的活动，惩办和改造犯罪分子。

● 法 律

2. 《国家安全法》（2015年7月1日）

第19条 国家维护国家基本经济制度和社会主义市场经济秩序，健全预防和化解经济安全风险的制度机制，保障关系国民经济命脉的重要行业和关键领域、重点产业、重大基础设施和重大建设项目以及其他重大经济利益安全。

---

① 本书法律文件使用简称，以下不再标注。本书所示规范性文件的日期为该文件的通过、发布、修订后公布、实施日期之一。以下不再标注。

● 行政法规及文件

3. 《企业财务会计报告条例》（2000 年 6 月 21 日）

第 3 条 企业不得编制和对外提供虚假的或者隐瞒重要事实的财务会计报告。

企业负责人对本企业财务会计报告的真实性、完整性负责。

第 4 条 任何组织或者个人不得授意、指使、强令企业编制和对外提供虚假的或者隐瞒重要事实的财务会计报告。

● 部门规章及文件

4. 《会计基础工作规范》（2019 年 3 月 14 日）

第 21 条 会计人员办理会计事务应当实事求是、客观公正。

第 22 条 会计人员应当熟悉本单位的生产经营和业务管理情况，运用掌握的会计信息和会计方法，为改善单位内部管理、提高经济效益服务。

● 地方性法规及文件

5. 《黑龙江省会计管理条例》（2018 年 4 月 26 日 黑龙江省第十三届人民代表大会常务委员会公告第 1 号）

第 1 条 为了加强会计管理，规范会计行为，保证会计资料的真实、完整，维护社会主义市场经济秩序，根据《中华人民共和国会计法》（以下简称《会计法》）和有关法律、法规，结合本省实际，制定本条例。

第 2 条 本省行政区域内的国家机关、社会团体、企业、事业单位和其他组织（以下统称单位）办理会计事务，执行本条例。农村集体经济组织办理会计事务，适用本条例。

第 5 条 单位应当根据实际发生的经济业务事项填制或者取得真实、完整的原始凭证。

第 6 条 单位应当依照国家统一的会计制度规定，对各项会计要素进行合理的确认和计量，不得随意改变会计要素的确认标准或者计量方法。

● 案例指引①

广州市某门诊部有限公司、姜某等与公司有关的纠纷案［（2021）粤01民终14067号］②

裁判摘要：某门诊部作为独立核算的会计单位，其日常经营管理支出，应当以公司名义通过公司的独立对公账户与相对人进行，不应当由姜某以个人名义进行。某门诊部用姜某个人账号6789进行日常经营，导致某门诊部的对公账户与姜某的私人账户往来混淆不清，无法保证会计帐簿的真实和完整，违反了有关法律规定。

第二条 适用范围

会计工作应当贯彻落实党和国家路线方针政策、决策部署，维护社会公共利益，为国民经济和社会发展服务。

国家机关、社会团体、公司、企业、事业单位和其他组织（以下统称单位）必须依照本法办理会计事务。

● 法　律

1.《注册会计师法》（2014年8月31日）

第1条　为了发挥注册会计师在社会经济活动中的鉴证和服务作用，加强对注册会计师的管理，维护社会公共利益和投资者的合法权益，促进社会主义市场经济的健康发展，制定本法。

2.《公司法》（2023年12月29日）

第2条　本法所称公司，是指依照本法在中华人民共和国境

---

① 本书"案例指引"部分所引用的法律法规及文件均为案件裁判时有效，以下不作另外提示。

② 本案例选自中国裁判文书网，最后访问时间：2024年7月2日。

内设立的有限责任公司和股份有限公司。

3.《审计法》(2021年10月23日)

第1条 为了加强国家的审计监督,维护国家财政经济秩序,提高财政资金使用效益,促进廉政建设,保障国民经济和社会健康发展,根据宪法,制定本法。

第2条 国家实行审计监督制度。坚持中国共产党对审计工作的领导,构建集中统一、全面覆盖、权威高效的审计监督体系。

国务院和县级以上地方人民政府设立审计机关。

国务院各部门和地方各级人民政府及其各部门的财政收支,国有的金融机构和企业事业组织的财务收支,以及其他依照本法规定应当接受审计的财政收支、财务收支,依照本法规定接受审计监督。

审计机关对前款所列财政收支或者财务收支的真实、合法和效益,依法进行审计监督。

第23条 审计机关对政府投资和以政府投资为主的建设项目的预算执行情况和决算,对其他关系国家利益和公共利益的重大公共工程项目的资金管理使用和建设运营情况,进行审计监督。

第26条 根据经批准的审计项目计划安排,审计机关可以对被审计单位贯彻落实国家重大经济社会政策措施情况进行审计监督。

● 行政法规及文件

4.《企业财务会计报告条例》(2000年6月21日)

第2条 企业(包括公司,下同)编制和对外提供财务会计报告,应当遵守本条例。

本条例所称财务会计报告,是指企业对外提供的反映企业某一特定日期财务状况和某一会计期间经营成果、现金流量的文件。

● 部门规章及文件

5.《政府会计准则——基本准则》(2015年10月23日)

第2条 本准则适用于各级政府、各部门、各单位(以下统称政府会计主体)。

前款所称各部门、各单位是指与本级政府财政部门直接或者间接发生预算拨款关系的国家机关、军队、政党组织、社会团体、事业单位和其他单位。

军队、已纳入企业财务管理体系的单位和执行《民间非营利组织会计制度》的社会团体,不适用本准则。

6.《会计基础工作规范》(2019年3月14日)

第5条 各省、自治区、直辖市财政厅(局)要加强对会计基础工作的管理和指导,通过政策引导、经验交流、监督检查等措施,促进基层单位加强会计基础工作,不断提高会计工作水平。

国务院各业务主管部门根据职责权限管理本部门的会计基础工作。

第7条 会计机构负责人、会计主管人员应当具备下列基本条件:

(一)坚持原则,廉洁奉公;

(二)具备会计师以上专业技术职务资格或者从事会计工作不少于三年;

(三)熟悉国家财经法律、法规、规章和方针、政策,掌握本行业业务管理的有关知识;

(四)有较强的组织能力;

(五)身体状况能够适应本职工作的要求。

7.《事业单位财务规则》(2022年1月7日)

第1条 为了进一步规范事业单位的财务行为,加强事业单位财务管理和监督,提高资金使用效益,保障事业单位健康发展，制定本规则。

第2条 本规则适用于各级各类事业单位（以下简称事业单位）的财务活动。

第3条 事业单位财务管理的基本原则是：执行国家有关法律、法规和财务规章制度；坚持勤俭办一切事业的方针；正确处理事业发展需要和资金供给的关系，社会效益和经济效益的关系，国家、单位和个人三者利益的关系。

第4条 事业单位财务管理的主要任务是：合理编制单位预算，严格预算执行，完整、准确编制单位决算报告和财务报告，真实反映单位预算执行情况、财务状况和运行情况；依法组织收入，努力节约支出；建立健全财务制度，加强经济核算，全面实施绩效管理，提高资金使用效益；加强资产管理，合理配置和有效利用资产，防止资产流失；加强对单位经济活动的财务控制和监督，防范财务风险。

第5条 事业单位的财务活动在单位负责人的领导下，由单位财务部门统一管理。

第6条 事业单位的各项经济业务事项按照国家统一的会计制度进行会计核算。

8.《行政单位财务规则》（2023年1月28日）

第2条 本规则适用于各级各类国家机关、政党组织（以下统称行政单位）的财务活动。

9.《政府会计制度——行政事业单位会计科目和报表》（2017年10月24日 财会〔2017〕25号）

二、本制度适用于各级各类行政单位和事业单位（以下统称单位，特别说明的除外）。

纳入企业财务管理体系执行企业会计准则或小企业会计准则的单位，不执行本制度。

本制度尚未规范的有关行业事业单位的特殊经济业务或事项

的会计处理,由财政部另行规定。

● **地方性法规及文件**

10.《甘肃省会计管理条例》(2022年9月23日 甘肃省人民代表大会常务委员会公告第133号)

第1条 为了加强会计管理,规范会计行为,提高会计信息质量,保证会计资料真实、完整,维护社会主义市场经济秩序,根据《中华人民共和国会计法》等法律、行政法规,结合本省实际,制定本条例。

第2条 本省行政区域内国家机关、社会团体、公司、企业事业单位和其他组织(以下统称单位)办理会计事务,实施会计管理等相关活动,适用本条例。

法律、行政法规对会计管理工作已有规定的,依照其规定执行。

第3条 单位应当根据法律、行政法规和国家统一的会计制度,建立和实行本单位会计核算办法、会计监督制度,加强会计信息化建设和管理会计工作。

● **案例指引**

谭某、区某等合伙合同纠纷案 [(2022)粤20民终3861号][1]

裁判摘要:谭某与区某属于个人合伙,双方在合伙协议中对于制备会计账簿和会计凭证、查阅合伙财务资料及凭证等合伙事务的具体执行没有作出约定,法律亦无规定个人合伙必须制备会计账簿和会计凭证或者个人合伙有权要求通过诉讼要求查阅合伙账簿、财务资料及凭证等,故谭某诉请区某制备会计账本和会计凭证、披露与合伙事务有关的租赁合同及收取租金的银行流水记录的主张缺乏理据。

---

[1] 本案例选自中国裁判文书网,最后访问时间:2024年7月2日。

第三条 建账

各单位必须依法设置会计账簿，并保证其真实、完整。

● 法　律

1. 《刑法》（2023 年 12 月 29 日）

第 162 条　公司、企业进行清算时，隐匿财产，对资产负债表或者财产清单作伪记载或者在未清偿债务前分配公司、企业财产，严重损害债权人或者其他人利益的，对其直接负责的主管人员和其他直接责任人员，处五年以下有期徒刑或者拘役，并处或者单处二万元以上二十万元以下罚金。

第 162 条之一　隐匿或者故意销毁依法应当保存的会计凭证、会计帐簿、财务会计报告，情节严重的，处五年以下有期徒刑或者拘役，并处或者单处二万元以上二十万元以下罚金。

单位犯前款罪的，对单位判处罚金，并对其直接负责的主管人员和其他直接责任人员，依照前款的规定处罚。

第 162 条之二　公司、企业通过隐匿财产、承担虚构的债务或者以其他方法转移、处分财产，实施虚假破产，严重损害债权人或者其他人利益的，对其直接负责的主管人员和其他直接责任人员，处五年以下有期徒刑或者拘役，并处或者单处二万元以上二十万元以下罚金。

● 行政法规及文件

2. 《企业财务会计报告条例》（2000 年 6 月 21 日）

第 3 条　企业不得编制和对外提供虚假的或者隐瞒重要事实的财务会计报告。

企业负责人对本企业财务会计报告的真实性、完整性负责。

● 部门规章及文件

3.《政府会计准则——基本准则》(2015年10月23日)

第11条 政府会计主体应当以实际发生的经济业务或者事项为依据进行会计核算,如实反映各项会计要素的情况和结果,保证会计信息真实可靠。

4.《会计基础工作规范》(2019年3月14日)

第1条 为了加强会计基础工作,建立规范的会计工作秩序,提高会计工作水平,根据《中华人民共和国会计法》的有关规定,制定本规范。

第2条 国家机关、社会团体、企业、事业单位、个体工商户和其他组织的会计基础工作,应当符合本规范的规定。

第3条 各单位应当依据有关法律、法规和本规范的规定,加强会计基础工作,严格执行会计法规制度,保证会计工作依法有序地进行。

5.《企业会计制度》(2000年12月29日)

第2条 除不对外筹集资金、经营规模较小的企业,以及金融保险企业以外,在中华人民共和国境内设立的企业(含公司,下同),执行本制度。

第3条 企业应当根据有关会计法律、行政法规和本制度的规定,在不违反本制度的前提下,结合本企业的具体情况,制定适合于本企业的会计核算办法。

第4条 企业填制会计凭证、登记会计帐簿、管理会计档案等要求,按照《中华人民共和国会计法》、《会计基础工作规范》和《会计档案管理办法》的规定执行。

6.《政府会计制度——行政事业单位会计科目和报表》(2017年10月24日 财会〔2017〕25号)

八、单位应当按照下列规定编制财务报表和预算会计报表:

（一）财务报表的编制主要以权责发生制为基础，以单位财务会计核算生成的数据为准；预算会计报表的编制主要以收付实现制为基础，以单位预算会计核算生成的数据为准。

（二）财务报表由会计报表及其附注构成。会计报表一般包括资产负债表、收入费用表和净资产变动表。单位可根据实际情况自行选择编制现金流量表。

（三）预算会计报表至少包括预算收入支出表、预算结转结余变动表和财政拨款预算收入支出表。

（四）单位应当至少按照年度编制财务报表和预算会计报表。

（五）单位应当根据本制度规定编制真实、完整的财务报表和预算会计报表，不得违反本制度规定随意改变财务报表和预算会计报表的编制基础、编制依据、编制原则和方法，不得随意改变本制度规定的财务报表和预算会计报表有关数据的会计口径。

（六）财务报表和预算会计报表应当根据登记完整、核对无误的帐簿记录和其他有关资料编制，做到数字真实、计算准确、内容完整、编报及时。

（七）财务报表和预算会计报表应当由单位负责人和主管会计工作的负责人、会计机构负责人（会计主管人员）签名并盖章。

● 案例指引

1. 公安县某物流有限责任公司与湖北某运输股份有限公司股东知情权纠纷案［（2023）鄂10民终3349号］[①]

裁判摘要：根据《中华人民共和国会计法》第三条、第四十二条的规定，公司必须依法设置会计账簿，否则将承担相应的法律责任。福某公司虽辩称2009年3月26日至2014年6月24日期间，因某运公司未按约定调离堵码头的趸船，导致福某公司无法正常经营，因此该期间财务零申报，无账可查。设立公司账簿

---

① 本案例选自中国裁判文书网，最后访问时间：2024年7月2日。

为其法定义务，故福某公司的抗辩理由不符合有关法律的规定。

2. 厦门某会计师事务所、陈某亮等提供虚假证明文件案（最高人民法院发布财务造假典型案例①）

裁判要点： 被告单位厦门某会计师事务所系依法成立的承担专项经济项目审计、银行贷款审计等职责的中介组织，经营期间，被告人陈某亮作为事务所的实际控制人、经营者，以事务所名义低价承揽涉案审计业务，在事务所注册会计师未对被审计公司的经营情况、财务数据、会计凭证等实际审计核实的情况下，安排被告人徐某国、何某正配合对外出具虚假审计报告，所得利益归属于事务所，体现单位意志、符合单位利益，系单位行为。厦门某会计事务所的行为致使授信银行作出错误判断，授予贷款企业与真实经营状况不符的授信额度并发放贷款，巨额贷款逾期无法收回，情节严重，构成提供虚假证明文件罪。

3. 投资者诉昌某股份公司、东某证券公司、大某会计师事务所证券虚假陈述责任纠纷案（最高人民法院发布财务造假典型案例②）

裁判要点： 昌某股份公司未按规定披露关联方资金占用及对外担保情况，东某证券、大某会计师事务所对不实信息披露文件的发布存在过失，均应承担相应赔偿责任。大某会计师事务所在从事相关审计项目时，除风险评估程序、函证程序、控制测试程序执行不到位外，编制底稿直接使用底稿模板原内容，未根据某挂牌公司实际情况进行修改，出具审计报告时未充分勤勉尽责，存在过错。东某证券在抽样调查中对于昌某股份公司可能涉嫌关联交易的业务，未予重点关注，就此未进行充分的尽职调查，亦未结合在尽职调查过程中获得的信息，对信息披露文件中证券服务机构出具专业意见

---

① 参见最高人民法院网站，https://www.court.gov.cn/zixun/xiangqing/435961.html，最后访问时间：2024年7月2日。

② 参见最高人民法院网站，https://www.court.gov.cn/zixun/xiangqing/435961.html，最后访问时间：2024年7月2日。

的重要内容进行审慎核查和必要的调查、复核，亦存在过错。判决：昌某股份公司赔偿投资者全部损失，大某会计师事务所、东某证券分别在 10% 和 5% 的范围内承担连带赔偿责任。

第四条　单位负责人责任

单位负责人对本单位的会计工作和会计资料的真实性、完整性负责。

● 法　律

1.《刑法》（2023 年 12 月 29 日）

第 161 条　依法负有信息披露义务的公司、企业向股东和社会公众提供虚假的或者隐瞒重要事实的财务会计报告，或者对依法应当披露的其他重要信息不按照规定披露，严重损害股东或者其他人利益，或者有其他严重情节的，对其直接负责的主管人员和其他直接责任人员，处五年以下有期徒刑或者拘役，并处或者单处罚金；情节特别严重的，处五年以上十年以下有期徒刑，并处罚金。

前款规定的公司、企业的控股股东、实际控制人实施或者组织、指使实施前款行为的，或者隐瞒相关事项导致前款规定的情形发生的，依照前款的规定处罚。

犯前款罪的控股股东、实际控制人是单位的，对单位判处罚金，并对其直接负责的主管人员和其他直接责任人员，依照第一款的规定处罚。

2.《审计法》（2021 年 10 月 23 日）

第 2 条　国家实行审计监督制度。坚持中国共产党对审计工作的领导，构建集中统一、全面覆盖、权威高效的审计监督体系。

国务院和县级以上地方人民政府设立审计机关。

国务院各部门和地方各级人民政府及其各部门的财政收支，国有的金融机构和企业事业组织的财务收支，以及其他依照本法规定应当接受审计的财政收支、财务收支，依照本法规定接受审计监督。

审计机关对前款所列财政收支或者财务收支的真实、合法和效益，依法进行审计监督。

第3条　审计机关依照法律规定的职权和程序，进行审计监督。

审计机关依据有关财政收支、财务收支的法律、法规和国家其他有关规定进行审计评价，在法定职权范围内作出审计决定。

● 行政法规及文件

3.《企业财务会计报告条例》（2000年6月21日）

第3条　企业不得编制和对外提供虚假的或者隐瞒重要事实的财务会计报告。

企业负责人对本企业财务会计报告的真实性、完整性负责。

● 部门规章及文件

4.《政府会计准则——基本准则》（2015年10月23日）

第5条　政府会计主体应当编制决算报告和财务报告。

决算报告的目标是向决算报告使用者提供与政府预算执行情况有关的信息，综合反映政府会计主体预算收支的年度执行结果，有助于决算报告使用者进行监督和管理，并为编制后续年度预算提供参考和依据。政府决算报告使用者包括各级人民代表大会及其常务委员会、各级政府及其有关部门、政府会计主体自身、社会公众和其他利益相关者。

财务报告的目标是向财务报告使用者提供与政府的财务状况、运行情况（含运行成本，下同）和现金流量等有关信息，反映政府会计主体公共受托责任履行情况，有助于财务报告使用者作出决策或者进行监督和管理。政府财务报告使用者包括各级人民代表大会常务委员会、债权人、各级政府及其有关部门、政府会计主体自身和其他利益相关者。

5.《会计基础工作规范》（2019 年 3 月 14 日）

　　第 4 条　单位领导人对本单位的会计基础工作负有领导责任。

6.《事业单位财务规则》（2022 年 1 月 7 日）

　　第 5 条　事业单位的财务活动在单位负责人的领导下，由单位财务部门统一管理。

7.《行政单位财务规则》（2023 年 1 月 28 日）

　　第 5 条　行政单位的财务活动在单位负责人领导下，由单位财务部门统一管理。

　　行政单位应当实行独立核算，明确承担相关职责的机构，配备与履职相适应的财务、会计人员力量。不具备配备条件的，可以委托经批准从事代理记账业务的中介机构代理记账。

　　行政单位的各项经济业务事项应当按照国家统一的会计制度进行会计核算。

8.《政府会计制度——行政事业单位会计科目和报表》（2017 年 10 月 24 日　财会〔2017〕25 号）

　　八、单位应当按照下列规定编制财务报表和预算会计报表：

　　（一）财务报表的编制主要以权责发生制为基础，以单位财务会计核算生成的数据为准；预算会计报表的编制主要以收付实现制为基础，以单位预算会计核算生成的数据为准。

　　（二）财务报表由会计报表及其附注构成。会计报表一般包括资产负债表、收入费用表和净资产变动表。单位可根据实际情况自行选择编制现金流量表。

　　（三）预算会计报表至少包括预算收入支出表、预算结转结余变动表和财政拨款预算收入支出表。

（四）单位应当至少按照年度编制财务报表和预算会计报表。

（五）单位应当根据本制度规定编制真实、完整的财务报表和预算会计报表，不得违反本制度规定随意改变财务报表和预算会计报表的编制基础、编制依据、编制原则和方法，不得随意改变本制度规定的财务报表和预算会计报表有关数据的会计口径。

（六）财务报表和预算会计报表应当根据登记完整、核对无误的账簿记录和其他有关资料编制，做到数字真实、计算准确、内容完整、编报及时。

（七）财务报表和预算会计报表应当由单位负责人和主管会计工作的负责人、会计机构负责人（会计主管人员）签名并盖章。

● **地方性法规及文件**

9.《陕西省会计管理条例》（2019年7月31日　陕西省第十三届人民代表大会常务委员会第23号公告）

第3条　单位必须依法设置会计账簿，单位负责人对本单位的会计工作和会计资料的真实性、完整性负责，支持会计人员依法履行职责，维护和保障会计人员的合法权益。

会计机构和会计人员应当依照法律、法规和国家统一的会计制度进行会计核算，实施会计监督。

禁止任何单位和个人做假账。

● **案例指引**

1. 某上市公司信息披露违法违规案（中国证监会行政处罚决定书〔2022〕17号）[①]

某上市公司财务造假严重破坏资本市场信息披露秩序，侵蚀市场诚信基础，其通过子公司虚构销售及采购业务、虚增销售及

---

① 参见中国证券监督管理委员会陕西监管局网站，http：//www.csrc.gov.cn/shaanxi/c105609/c7443627/content.shtml，最后访问时间2024年7月2日。

管理费用、伪造银行回单等方式，累计虚增收入211.21亿元、利润28.16亿元。2022年4月，证监会对上市公司及其实际控制人、董事等3名责任人员作出行政处罚，共处以900万元罚款。

2. 李某兰与四川某体育文化传播有限公司、李某服务合同纠纷案[（2023）川0180民初2065号]①

裁判摘要：某体育公司的原股东李某（法定代表人）作为公司经营期间的负责人和实际控制人将其公司营业款收入其个人的银行账户内并由李某个人进行支配，且李某未按国家财税法律的规定为公司设立银行账户、建立完备的财务账簿、保管财务凭证，李某支出的款项也没有对应具体的事由和财务凭证印证其确属公司营业过程中真实产生的营业支出，李某的行为侵害了公司独立的财产权，违反了《中华人民共和国会计法》强制性规定。

第五条 会计机构、会计人员履行职责的法律保护

会计机构、会计人员依照本法规定进行会计核算，实行会计监督。

任何单位或者个人不得以任何方式授意、指使、强令会计机构、会计人员伪造、变造会计凭证、会计账簿和其他会计资料，提供虚假财务会计报告。

任何单位或者个人不得对依法履行职责、抵制违反本法规定行为的会计人员实行打击报复。

● 法　律

1. 《注册会计师法》（2014年8月31日）

第6条　注册会计师和会计师事务所执行业务，必须遵守法律、行政法规。

---

① 本案例选自中国裁判文书网，最后访问时间：2024年7月2日。

注册会计师和会计师事务所依法独立、公正执行业务，受法律保护。

第36条 注册会计师协会应当支持注册会计师依法执行业务，维护其合法权益，向有关方面反映其意见和建议。

2.《审计法》（2021年10月23日）

第5条 审计机关依照法律规定独立行使审计监督权，不受其他行政机关、社会团体和个人的干涉。

3.《刑法》（2023年12月29日）

第255条 公司、企业、事业单位、机关、团体的领导人，对依法履行职责、抵制违反会计法、统计法行为的会计、统计人员实行打击报复，情节恶劣的，处三年以下有期徒刑或者拘役。

● 行政法规及文件

4.《企业财务会计报告条例》（2000年6月21日）

第4条 任何组织或者个人不得授意、指使、强令企业编制和对外提供虚假的或者隐瞒重要事实的财务会计报告。

第5条 注册会计师、会计师事务所审计企业财务会计报告，应当依照有关法律、行政法规以及注册会计师执业规则的规定进行，并对所出具的审计报告负责。

● 部门规章及文件

5.《行政单位财务规则》（2023年1月28日）

第5条 行政单位的财务活动在单位负责人领导下，由单位财务部门统一管理。

行政单位应当实行独立核算，明确承担相关职责的机构，配备与履职相适应的财务、会计人员力量。不具备配备条件的，可以委托经批准从事代理记账业务的中介机构代理记账。

行政单位的各项经济业务事项应当按照国家统一的会计制度进行会计核算。

6. 《企业会计制度》（2000年12月29日）

第4条 企业填制会计凭证、登记会计账簿、管理会计档案等要求，按照《中华人民共和国会计法》、《会计基础工作规范》和《会计档案管理办法》的规定执行。

7. 《会计基础工作规范》（2019年3月14日）

第42条 会计凭证、会计帐簿、会计报表和其他会计资料的内容和要求必须符合国家统一会计制度的规定，不得伪造、变造会计凭证和会计帐簿，不得设置帐外帐，不得报送虚假会计报表。

第74条 会计机构、会计人员应当对原始凭证进行审核和监督。

对不真实、不合法的原始凭证，不予受理。对弄虚作假、严重违法的原始凭证，在不予受理的同时，应当予以扣留，并及时向单位领导人报告，请求查明原因，追究当事人的责任。

对记载不准确、不完整的原始凭证，予以退回，要求经办人员更正、补充。

第75条 会计机构、会计人员对伪造、变造、故意毁灭会计帐簿或者帐外设帐行为，应当制止和纠正；制止和纠正无效的，应当向上级主管单位报告，请求作出处理。

第76条 会计机构、会计人员应当对实物、款项进行监督，督促建立并严格执行财产清查制度。发现帐簿记录与实物、款项不符时，应当按照国家有关规定进行处理。超出会计机构、会计人员职权范围的，应当立即向本单位领导报告，请求查明原因，作出处理。

第77条 会计机构、会计人员对指使、强令编造、篡改财务报告行为，应当制止和纠正；制止和纠正无效的，应当向上级主管单位报告，请求处理。

● 地方性法规及文件

8.《甘肃省会计管理条例》（2022 年 9 月 23 日　甘肃省人民代表大会常务委员会公告第 133 号）

第 5 条　会计机构、会计人员应当依照法律、行政法规进行会计核算，实行会计监督。

任何单位或者个人不得以任何方式授意、指使、强令会计机构、会计人员伪造、变造会计凭证、会计账簿和其他会计资料，提供虚假财务会计报告。

任何单位或者个人不得对依法履行职责、抵制违反法律、行政法规规定行为的会计人员实行打击报复。

● 案例指引

李某军与霸州市某某四公司、李某民借款合同纠纷案 [（2023）冀民申 3424 号][1]

裁判摘要： 李某军每次出借款项时，均将该款项转入李某民个人银行账户或通过他人账户转入李某民个人银行账户。李某军提交的李某民银行账户资金明细可以证实案涉借款并未转入某某四公司账户，且李某军不能提供其每次出借款项时的债权凭证，亦未提交证据证实某某四公司使用了案涉借款。某乙事务所有限公司出具的《专项审计报告》的内容，可证实本案借款人为李某民。本院对李某军要求某某四公司承担还款责任的诉讼请求不予支持。

第六条　对会计人员的奖励

对认真执行本法，忠于职守，坚持原则，做出显著成绩的会计人员，给予精神的或者物质的奖励。

---

[1]　本案例选自中国裁判文书网，最后访问时间：2024 年 7 月 2 日。

● 宪　法

1.《宪法》(2018 年 3 月 11 日)

　　第 20 条　国家发展自然科学和社会科学事业,普及科学和技术知识,奖励科学研究成果和技术发明创造。

　　第 42 条　中华人民共和国公民有劳动的权利和义务。

　　国家通过各种途径,创造劳动就业条件,加强劳动保护,改善劳动条件,并在发展生产的基础上,提高劳动报酬和福利待遇。

　　劳动是一切有劳动能力的公民的光荣职责。国有企业和城乡集体经济组织的劳动者都应当以国家主人翁的态度对待自己的劳动。国家提倡社会主义劳动竞赛,奖励劳动模范和先进工作者。国家提倡公民从事义务劳动。

　　国家对就业前的公民进行必要的劳动就业训练。

● 法　律

2.《审计法》(2021 年 10 月 23 日)

　　第 52 条　被审计单位应当按照规定时间整改审计查出的问题,将整改情况报告审计机关,同时向本级人民政府或者有关主管机关、单位报告,并按照规定向社会公布。

　　各级人民政府和有关主管机关、单位应当督促被审计单位整改审计查出的问题。审计机关应当对被审计单位整改情况进行跟踪检查。

　　审计结果以及整改情况应当作为考核、任免、奖惩领导干部和制定政策、完善制度的重要参考;拒不整改或者整改时弄虚作假的,依法追究法律责任。

● 部门规章及文件

3.《会计基础工作规范》(2019 年 3 月 14 日)

　　第 15 条　各单位领导人应当支持会计机构、会计人员依法行使职权；对忠于职守，坚持原则，做出显著成绩的会计机构、会计人员，应当给予精神的和物质的奖励。

● **地方性法规及文件**

4.《**甘肃省会计管理条例**》(2022年9月23日 甘肃省人民代表大会常务委员会公告第133号)

第4条 单位负责人对本单位的会计工作和会计资料的真实性、完整性负责。

会计机构、会计人员从事会计工作，应当严格执行有关法律、行政法规，自觉遵守职业道德、履行职业义务，做到诚实守信、勤勉尽责。

5.《**陕西省会计管理条例**》(2019年7月31日 陕西省第十三届人民代表大会常务委员会第23号公告)

第5条 县级以上人民政府及其有关部门对依法履行职责，忠于职守，坚持原则，做出显著成绩的会计机构和会计人员，应当给予表彰或者奖励。

第七条 会计工作管理体制

国务院财政部门主管全国的会计工作。

县级以上地方各级人民政府财政部门管理本行政区域内的会计工作。

● **法　律**

1.《**注册会计师法**》(2014年8月31日)

第5条 国务院财政部门和省、自治区、直辖市人民政府财政部门，依法对注册会计师、会计师事务所和注册会计师协会进行监督、指导。

2. 《审计法》（2021 年 10 月 23 日）

第 7 条　国务院设立审计署，在国务院总理领导下，主管全国的审计工作。审计长是审计署的行政首长。

第 8 条　省、自治区、直辖市、设区的市、自治州、县、自治县、不设区的市、市辖区的人民政府的审计机关，分别在省长、自治区主席、市长、州长、县长、区长和上一级审计机关的领导下，负责本行政区域内的审计工作。

第 9 条　地方各级审计机关对本级人民政府和上一级审计机关负责并报告工作，审计业务以上级审计机关领导为主。

第 10 条　审计机关根据工作需要，经本级人民政府批准，可以在其审计管辖范围内设立派出机构。

派出机构根据审计机关的授权，依法进行审计工作。

● 行政法规及文件

3. 《企业财务会计报告条例》（2000 年 6 月 21 日）

第 33 条　有关部门或者机构依照法律、行政法规或者国务院的规定，要求企业提供部分或者全部财务会计报告及其有关数据的，应当向企业出示依据，并不得要求企业改变财务会计报告有关数据的会计口径。

第 34 条　非依照法律、行政法规或者国务院的规定，任何组织或者个人不得要求企业提供部分或者全部财务会计报告及其有关数据。

违反本条例规定，要求企业提供部分或者全部财务会计报告及其有关数据的，企业有权拒绝。

第 39 条　违反本条例规定，有下列行为之一的，由县级以上人民政府财政部门责令限期改正，对企业可以处 3000 元以上 5 万元以下的罚款；对直接负责的主管人员和其他直接责任人员，可以处 2000 元以上 2 万元以下的罚款；属于国家工作人员的，并依法给予行政处分或者纪律处分：

（一）随意改变会计要素的确认和计量标准的；

（二）随意改变财务会计报告的编制基础、编制依据、编制原则和方法的；

（三）提前或者延迟结账日结账的；

（四）在编制年度财务会计报告前，未按照本条例规定全面清查资产、核实债务的；

（五）拒绝财政部门和其他有关部门对财务会计报告依法进行的监督检查，或者不如实提供有关情况的。

会计人员有前款所列行为之一，情节严重的，由县级以上人民政府财政部门吊销会计从业资格证书。

第40条　企业编制、对外提供虚假的或者隐瞒重要事实的财务会计报告，构成犯罪的，依法追究刑事责任。

有前款行为，尚不构成犯罪的，由县级以上人民政府财政部门予以通报，对企业可以处5000元以上10万元以下的罚款；对直接负责的主管人员和其他直接责任人员，可以处3000元以上5万元以下的罚款；属于国家工作人员的，并依法给予撤职直至开除的行政处分或者纪律处分；对其中的会计人员，情节严重的，并由县级以上人民政府财政部门吊销会计从业资格证书。

第41条　授意、指使、强令会计机构、会计人员及其他人员编制、对外提供虚假的或者隐瞒重要事实的财务会计报告，或者隐匿、故意销毁依法应当保存的财务会计报告，构成犯罪的，依法追究刑事责任；尚不构成犯罪的，可以处5000元以上5万元以下的罚款；属于国家工作人员的，并依法给予降级、撤职、开除的行政处分或者纪律处分。

第42条　违反本条例的规定，要求企业向其提供部分或者全部财务会计报告及其有关数据的，由县级以上人民政府责令改正。

第43条　违反本条例规定,同时违反其他法律、行政法规规定的,由有关部门在各自的职权范围内依法给予处罚。

第44条　国务院财政部门可以根据本条例的规定,制定财务会计报告的具体编报办法。

● 部门规章及文件

4.《政府会计准则——基本准则》(2015年10月23日)

第2条　本准则适用于各级政府、各部门、各单位(以下统称政府会计主体)。

前款所称各部门、各单位是指与本级政府财政部门直接或者间接发生预算拨款关系的国家机关、军队、政党组织、社会团体、事业单位和其他单位。

军队、已纳入企业财务管理体系的单位和执行《民间非营利组织会计制度》的社会团体,不适用本准则。

第3条　政府会计由预算会计和财务会计构成。

预算会计实行收付实现制,国务院另有规定的,依照其规定。

财务会计实行权责发生制。

第4条　政府会计具体准则及其应用指南、政府会计制度等,应当由财政部遵循本准则制定。

第5条　政府会计主体应当编制决算报告和财务报告。

决算报告的目标是向决算报告使用者提供与政府预算执行情况有关的信息,综合反映政府会计主体预算收支的年度执行结果,有助于决算报告使用者进行监督和管理,并为编制后续年度预算提供参考和依据。政府决算报告使用者包括各级人民代表大会及其常务委员会、各级政府及其有关部门、政府会计主体自身、社会公众和其他利益相关者。

财务报告的目标是向财务报告使用者提供与政府的财务状

况、运行情况（含运行成本，下同）和现金流量等有关信息，反映政府会计主体公共受托责任履行情况，有助于财务报告使用者作出决策或者进行监督和管理。政府财务报告使用者包括各级人民代表大会常务委员会、债权人、各级政府及其有关部门、政府会计主体自身和其他利益相关者。

5.《会计基础工作规范》（2019年3月14日）

第5条 各省、自治区、直辖市财政厅（局）要加强对会计基础工作的管理和指导，通过政策引导、经验交流、监督检查等措施，促进基层单位加强会计基础工作，不断提高会计工作水平。

国务院各业务主管部门根据职责权限管理本部门的会计基础工作。

6.《行政单位财务规则》（2023年1月28日）

第24条 行政单位可以根据机构运转和完成工作任务的实际需要，实行成本核算。成本核算的具体办法按照国务院财政部门有关规定执行。

● 地方性法规及文件

7.《甘肃省会计管理条例》（2022年9月23日 甘肃省人民代表大会常务委员会公告第133号）

第6条 省人民政府财政部门管理全省会计工作，市（州）、县（市、区）人民政府财政部门管理本行政区域内的会计工作。

第7条 县级以上人民政府财政部门在会计管理工作中依法履行下列职责：

（一）组织实施法律、行政法规和国家统一的会计制度；

（二）组织会计专业技术资格考试及评审工作；

（三）指导和监督注册会计师和会计师事务所业务；

（四）组织会计人员的继续教育和培训工作；

（五）审查批准除会计师事务所以外从事会计代理记账业务的中介机构，对其实行监督管理；

（六）对单位会计工作进行业务指导和监督；

（七）组织实施会计信息化工作，指导推进单位内部控制和管理会计工作；

（八）依法查处违反会计法律法规的行为；

（九）法律法规规定的其他职责。

第八条　制定会计制度的权限

国家实行统一的会计制度。国家统一的会计制度由国务院财政部门根据本法制定并公布。

国务院有关部门可以依照本法和国家统一的会计制度制定对会计核算和会计监督有特殊要求的行业实施国家统一的会计制度的具体办法或者补充规定，报国务院财政部门审核批准。

国家加强会计信息化建设，鼓励依法采用现代信息技术开展会计工作，具体办法由国务院财政部门会同有关部门制定。

● 法　律

1. 《**审计法**》（2021年10月23日）

第35条　国家政务信息系统和数据共享平台应当按照规定向审计机关开放。

审计机关通过政务信息系统和数据共享平台取得的电子数据等资料能够满足需要的，不得要求被审计单位重复提供。

第36条　审计机关进行审计时，有权检查被审计单位的财务、会计资料以及与财政收支、财务收支有关的业务、管理等资料和资产，有权检查被审计单位信息系统的安全性、可靠性、经济性，被审计单位不得拒绝。

第43条 审计人员通过审查财务、会计资料，查阅与审计事项有关的文件、资料，检查现金、实物、有价证券和信息系统，向有关单位和个人调查等方式进行审计，并取得证明材料。

向有关单位和个人进行调查时，审计人员应当不少于二人，并出示其工作证件和审计通知书副本。

● 部门规章及文件

2.《财政总会计制度》（2022年11月18日）
第六章 信息化管理

第55条 各级财政部门应当加强有关业务处理系统及网络的建设和运行维护，确保各级总会计采用的会计信息管理系统必须符合本制度规定的核算方法，系统运行安全稳定、业务办理规范有序、业务信息真实有效。

第56条 各级财政部门应不断推进会计信息化应用，加强会计信息管理系统电子化改造，推进与其他有关业务系统的有效衔接，不断提高总会计账务处理及报表生成的自动化程度，并为会计档案电子化管理提供支撑。

第57条 各级总会计不得直接在会计信息管理系统中更改登记有误的账簿信息，应当采取冲销法或补充登记法重新填制调账记账凭证，复核无误后登记会计账簿。

第58条 信息系统储存的总会计原始数据应当由专人定期备份至专用存储设备。保存电子会计数据的存储介质应当纳入容灾备份体系妥善保管。

第七章 会计监督

第59条 各级总会计应加强对各项财政业务的核算管理与会计监督。严格依法办事，对于不合法的会计事项，应及时予以纠正或按程序反映。

第60条 各级总会计应加强对预算单位财政资金使用情况

的管理，及时了解掌握有关单位的用款情况，发现问题及时按程序反映。

第61条　各级总会计应自觉接受人民代表大会、审计、监察部门，以及上级政府财政部门的监督，按规定向人民代表大会、审计、监察部门以及上级政府财政部门提供有关资料。

3.《会计基础工作规范》（2019年3月14日）

第44条　实行会计电算化的单位，对使用的会计软件及其生成的会计凭证、会计帐簿、会计报表和其他会计资料的要求，应当符合财政部关于会计电算化的有关规定。

第45条　各单位的会计凭证、会计帐簿、会计报表和其他会计资料，应当建立档案，妥善保管。会计档案建档要求、保管期限、销毁办法等依据《会计档案管理办法》的规定进行。

实行会计电算化的单位，有关电子数据、会计软件资料等应当作为会计档案进行管理。

4.《企业会计制度》（2000年12月29日）

第121条　会计调整，是指企业因按照国家法律、行政法规和会计制度的要求，或者因特定情况下按照会计制度规定对企业原采用的会计政策、会计估计，以及发现的会计差错、发生的资产负债表日后事项等所作的调整。

会计政策，是指企业在会计核算时所遵循的具体原则以及企业所采纳的具体会计处理方法。具体原则，是指企业按照国家统一的会计核算制度所制定的、适合于本企业的会计制度中所采用的会计原则；具体会计处理方法，是指企业在会计核算中对于诸多可选择的会计处理方法中所选择的、适合于本企业的会计处理方法。例如，长期投资的具体会计处理方法、坏账损失的核算方法等。

会计估计，是指企业对其结果不确定的交易或事项以最近可利用的信息为基础所作的判断。例如，固定资产预计使用年限与预计净残值、预计无形资产的受益期等。

资产负债表日后事项，是指自年度资产负债表日至财务会计报告批准报出日之间发生的需要调整或说明的事项，包括调整事项和非调整事项两类。

第153条　企业的财务会计报告由会计报表、会计报表附注和财务情况说明书组成（不要求编制和提供财务情况说明书的企业除外）。企业对外提供的财务会计报告的内容、会计报表种类和格式、会计报表附注的主要内容等，由本制度规定；企业内部管理需要的会计报表由企业自行规定。

季度、月度中期财务会计报告通常仅指会计报表，国家统一的会计制度另有规定的除外。

半年度中期财务会计报告中的会计报表附注至少应当披露所有重大的事项，如转让子公司等。半年度中期财务会计报告报出前发生的资产负债表日后事项、或有事项等，除特别重大事项外，可不作调整或披露。

第158条　企业对其他单位投资如占该单位资本总额50%以上（不含50%），或虽然占该单位注册资本总额不足50%但具有实质控制权的，应当编制合并会计报表。合并会计报表的编制原则和方法，按照国家统一的会计制度中有关合并会计报表的规定执行。

企业在编制合并会计报表时，应当将合营企业合并在内，并按照比例合并方法对合营企业的资产、负债、收入、费用、利润等予以合并。

5.《行政单位财务规则》（2023年1月28日）

第5条　行政单位的财务活动在单位负责人领导下，由单位财务部门统一管理。

行政单位应当实行独立核算，明确承担相关职责的机构，配备与履职相适应的财务、会计人员力量。不具备配备条件的，可以委托经批准从事代理记账业务的中介机构代理记账。

行政单位的各项经济业务事项应当按照国家统一的会计制度

进行会计核算。

第18条 行政单位应当将各项收入全部纳入单位预算，统一核算，统一管理，未纳入预算的收入不得安排支出。

6.《政府会计制度——行政事业单位会计科目和报表》（2017年10月24日 财会〔2017〕25号）

九、 单位应当重视并不断推进会计信息化的应用。

单位开展会计信息化工作，应当符合财政部制定的相关会计信息化工作规范和标准，确保利用现代信息技术手段开展会计核算及生成的会计信息符合政府会计准则和本制度的规定。

7.《道路交通事故社会救助基金会计核算办法》（2022年6月16日）

十二、 救助基金相关会计基础工作、会计档案管理以及内部控制等，应当按照《中华人民共和国会计法》、《会计基础工作规范》、《会计档案管理办法》及国家有关内部控制规范等相关法律法规规定执行。救助基金相关会计信息化工作，应当符合财政部制定的相关会计信息化工作规范和标准，确保利用现代信息技术手段开展会计核算及生成的会计信息符合本办法的规定。

● 地方性法规及文件

8.《甘肃省会计管理条例》（2022年9月23日 甘肃省人民代表大会常务委员会公告第133号）

第3条 单位应当根据法律、行政法规和国家统一的会计制度，建立和实行本单位会计核算办法、会计监督制度，加强会计信息化建设和管理会计工作。

9.《陕西省会计管理条例》（2019年7月31日 陕西省第十三届人民代表大会常务委员会第23号公告）

第19条 使用计算机进行会计核算的单位，应当建立健全会计电算化岗位责任制、操作管理制度和相应的内部控制制度。

使用计算机进行会计核算的，会计核算软件及生成的会计凭证、会计账簿、财务会计报告和其他会计资料,应当符合会计电算化工作规范。

使用计算机进行会计核算的单位,应当确保会计数据的安全性,并对其进行备份。

第20条 单位应当按照会计档案管理规定,建立健全本单位会计档案的立卷、归档、保管、调阅和销毁等制度。

会计档案包括会计凭证、会计账簿、财务会计报告和采用磁带、磁盘、光盘、微缩胶片等介质存储的会计数据、会计软件资料以及其他会计资料。

第二章 会计核算

> **第九条** 真实性原则
>
> 各单位必须根据实际发生的经济业务事项进行会计核算,填制会计凭证,登记会计账簿,编制财务会计报告。
>
> 任何单位不得以虚假的经济业务事项或者资料进行会计核算。

● 法 律

1.《税收征收管理法》(2015年4月24日)

第19条 纳税人、扣缴义务人按照有关法律、行政法规和国务院财政、税务主管部门的规定设置账簿,根据合法、有效凭证记账,进行核算。

● 行政法规及文件

2.《企业财务会计报告条例》(2000年6月21日)

第4条 任何组织或者个人不得授意、指使、强令企业编制和对外提供虚假的或者隐瞒重要事实的财务会计报告。

第17条　企业编制财务会计报告，应当根据真实的交易、事项以及完整、准确的账簿记录等资料，并按照国家统一的会计制度规定的编制基础、编制依据、编制原则和方法。

企业不得违反本条例和国家统一的会计制度规定，随意改变财务会计报告的编制基础、编制依据、编制原则和方法。

任何组织或者个人不得授意、指使、强令企业违反本条例和国家统一的会计制度规定，改变财务会计报告的编制基础、编制依据、编制原则和方法。

第23条　企业应当按照国家统一的会计制度规定的会计报表格式和内容，根据登记完整、核对无误的会计账簿记录和其他有关资料编制会计报表，做到内容完整、数字真实、计算准确，不得漏报或者任意取舍。

● 部门规章及文件

3. **《政府会计准则——基本准则》**（2015年10月23日）

第11条　政府会计主体应当以实际发生的经济业务或者事项为依据进行会计核算，如实反映各项会计要素的情况和结果，保证会计信息真实可靠。

第12条　政府会计主体应当将发生的各项经济业务或者事项统一纳入会计核算，确保会计信息能够全面反映政府会计主体预算执行情况和财务状况、运行情况、现金流量等。

4. **《会计基础工作规范》**（2019年3月14日）

第36条　各单位应当按照《中华人民共和国会计法》和国家统一会计制度的规定建立会计帐册，进行会计核算，及时提供合法、真实、准确、完整的会计信息。

5. **《企业财务通则》**（2006年12月4日）

第13条　经营者的财务管理职责主要包括：

（一）拟订企业内部财务管理制度、财务战略、财务规划，编制财务预算。

（二）组织实施企业筹资、投资、担保、捐赠、重组和利润分配等财务方案，诚信履行企业偿债义务。

（三）执行国家有关职工劳动报酬和劳动保护的规定，依法缴纳社会保险费、住房公积金等，保障职工合法权益。

（四）组织财务预测和财务分析，实施财务控制。

（五）编制并提供企业财务会计报告，如实反映财务信息和有关情况。

（六）配合有关机构依法进行审计、评估、财务监督等工作。

6. **《企业会计准则——基本准则》**（2014 年 7 月 23 日）

第 4 条　企业应当编制财务会计报告（又称财务报告，下同）。财务会计报告的目标是向财务会计报告使用者提供与企业财务状况、经营成果和现金流量等有关的会计信息，反映企业管理层受托责任履行情况，有助于财务会计报告使用者作出经济决策。

财务会计报告使用者包括投资者、债权人、政府及其有关部门和社会公众等。

第 12 条　企业应当以实际发生的交易或者事项为依据进行会计确认、计量和报告，如实反映符合确认和计量要求的各项会计要素及其他相关信息，保证会计信息真实可靠、内容完整。

第 17 条　企业提供的会计信息应当反映与企业财务状况、经营成果和现金流量等有关的所有重要交易或者事项。

第 44 条　财务会计报告是指企业对外提供的反映企业某一特定日期的财务状况和某一会计期间的经营成果、现金流量等会计信息的文件。

财务会计报告包括会计报表及其附注和其他应当在财务会计报告中披露的相关信息和资料。会计报表至少应当包括资产负债表、利润表、现金流量表等报表。

小企业编制的会计报表可以不包括现金流量表。

7. 《企业会计制度》（2000 年 12 月 29 日）

第 5 条　会计核算应以企业发生的各项交易或事项为对象，记录和反映企业本身的各项生产经营活动。

第 6 条　会计核算应当以企业持续、正常的生产经营活动为前提。

第 11 条　企业在会计核算时，应当遵循以下基本原则：

（一）会计核算应当以实际发生的交易或事项为依据，如实反映企业的财务状况、经营成果和现金流量。

（二）企业应当按照交易或事项的经济实质进行会计核算，而不应当仅仅按照它们的法律形式作为会计核算的依据。

（三）企业提供的会计信息应当能够反映企业的财务状况、经营成果和现金流量，以满足会计信息使用者的需要。

（四）企业的会计核算方法前后各期应当保持一致，不得随意变更。如有必要变更，应当将变更的内容和理由、变更的累积影响数，以及累积影响数不能合理确定的理由等，在会计报表附注中予以说明。

（五）企业的会计核算应当按照规定的会计处理方法进行，会计指标应当口径一致、相互可比。

（六）企业的会计核算应当及时进行，不得提前或延后。

（七）企业的会计核算和编制的财务会计报告应当清晰明了，便于理解和利用。

（八）企业的会计核算应当以权责发生制为基础。凡是当期已经实现的收入和已经发生或应当负担的费用，不论款项是否收付，都应当作为当期的收入和费用；凡是不属于当期的收入和费用，即使款项已在当期收付，也不应当作为当期的收入和费用。

（九）企业在进行会计核算时，收入与其成本、费用应当相互配比，同一会计期间内的各项收入和与其相关的成本、费用，应当在该会计期间内确认。

（十）企业的各项财产在取得时应当按照实际成本计量。其后，各项财产如果发生减值，应当按照本制度规定计提相应的减值准备。除法律、行政法规和国家统一的会计制度另有规定者外，企业一律不得自行调整其账面价值。

（十一）企业的会计核算应当合理划分收益性支出与资本性支出的界限。凡支出的效益仅及于本年度（或一个营业周期）的，应当作为收益性支出；凡支出的效益及于几个会计年度（或几个营业周期）的，应当作为资本性支出。

（十二）企业在进行会计核算时，应当遵循谨慎性原则的要求，不得多计资产或收益、少计负债或费用，但不得计提秘密准备。

（十三）企业的会计核算应当遵循重要性原则的要求，在会计核算过程中对交易或事项应当区别其重要程度，采用不同的核算方式。对资产、负债、损益等有较大影响，并进而影响财务会计报告使用者据以作出合理判断的重要会计事项，必须按照规定的会计方法和程序进行处理，并在财务会计报告中予以充分、准确地披露；对于次要的会计事项，在不影响会计信息真实性和不至于误导财务会计报告使用者作出正确判断的前提下，可适当简化处理。

8.《政府会计制度——行政事业单位会计科目和报表》（2017年10月24日　财会〔2017〕25号）

八、单位应当按照下列规定编制财务报表和预算会计报表：

（一）财务报表的编制主要以权责发生制为基础，以单位财务会计核算生成的数据为准；预算会计报表的编制主要以收付实现制为基础，以单位预算会计核算生成的数据为准。

（二）财务报表由会计报表及其附注构成。会计报表一般包括资产负债表、收入费用表和净资产变动表。单位可根据实际情况自行选择编制现金流量表。

（三）预算会计报表至少包括预算收入支出表、预算结转结余变动表和财政拨款预算收入支出表。

（四）单位应当至少按照年度编制财务报表和预算会计报表。

（五）单位应当根据本制度规定编制真实、完整的财务报表和预算会计报表，不得违反本制度规定随意改变财务报表和预算会计报表的编制基础、编制依据、编制原则和方法，不得随意改变本制度规定的财务报表和预算会计报表有关数据的会计口径。

（六）财务报表和预算会计报表应当根据登记完整、核对无误的账簿记录和其他有关资料编制，做到数字真实、计算准确、内容完整、编报及时。

（七）财务报表和预算会计报表应当由单位负责人和主管会计工作的负责人、会计机构负责人（会计主管人员）签名并盖章。

第十条 会计核算对象

各单位应当对下列经济业务事项办理会计手续，进行会计核算：

（一）资产的增减和使用；

（二）负债的增减；

（三）净资产（所有者权益）的增减；

（四）收入、支出、费用、成本的增减；

（五）财务成果的计算和处理；

（六）需要办理会计手续、进行会计核算的其他事项。

● 行政法规及文件

1. 《企业财务会计报告条例》（2000年6月21日）

第9条 资产负债表是反映企业在某一特定日期财务状况的报表。资产负债表应当按照资产、负债和所有者权益（或者股东权益，下同）分类分项列示。其中，资产、负债和所有者权益的定义及列示应当遵循下列规定：

（一）资产，是指过去的交易、事项形成并由企业拥有或者控制的资源，该资源预期会给企业带来经济利益。在资产负债表上，资产应当按照其流动性分类分项列示，包括流动资产、长期投资、固定资产、无形资产及其他资产。银行、保险公司和非银行金融机构的各项资产有特殊性的，按照其性质分类分项列示。

（二）负债，是指过去的交易、事项形成的现时义务，履行该义务预期会导致经济利益流出企业。在资产负债表上，负债应当按照其流动性分类分项列示，包括流动负债、长期负债等。银行、保险公司和非银行金融机构的各项负债有特殊性的，按照其性质分类分项列示。

（三）所有者权益，是指所有者在企业资产中享有的经济利益，其金额为资产减去负债后的余额。在资产负债表上，所有者权益应当按照实收资本（或者股本）、资本公积、盈余公积、未分配利润等项目分项列示。

第10条 利润表是反映企业在一定会计期间经营成果的报表。利润表应当按照各项收入、费用以及构成利润的各个项目分类分项列示。其中，收入、费用和利润的定义及列示应当遵循下列规定：

（一）收入，是指企业在销售商品、提供劳务及让渡资产使用权等日常活动中所形成的经济利益的总流入。收入不包括为第三方或者客户代收的款项。在利润表上，收入应当按照其重要性分项列示。

（二）费用，是指企业为销售商品、提供劳务等日常活动所发生的经济利益的流出。在利润表上，费用应当按照其性质分项列示。

（三）利润，是指企业在一定会计期间的经营成果。在利润表上，利润应当按照营业利润、利润总额和净利润等利润的构成分类分项列示。

第11条　现金流量表是反映企业一定会计期间现金和现金等价物（以下简称现金）流入和流出的报表。现金流量表应当按照经营活动、投资活动和筹资活动的现金流量分类分项列示。其中，经营活动、投资活动和筹资活动的定义及列示应当遵循下列规定：

（一）经营活动，是指企业投资活动和筹资活动以外的所有交易和事项。在现金流量表上，经营活动的现金流量应当按照其经营活动的现金流入和流出的性质分项列示；银行、保险公司和非银行金融机构的经营活动按照其经营活动特点分项列示。

（二）投资活动，是指企业长期资产的购建和不包括在现金等价物范围内的投资及其处置活动。在现金流量表上，投资活动的现金流量应当按照其投资活动的现金流入和流出的性质分项列示。

（三）筹资活动，是指导致企业资本及债务规模和构成发生变化的活动。在现金流量表上，筹资活动的现金流量应当按照其筹资活动的现金流入和流出的性质分项列示。

● 部门规章及文件

2.《政府会计准则——基本准则》（2015年10月23日）

第18条　政府预算会计要素包括预算收入、预算支出与预算结余。

第19条　预算收入是指政府会计主体在预算年度内依法取得的并纳入预算管理的现金流入。

第20条　预算收入一般在实际收到时予以确认，以实际收到的金额计量。

第21条　预算支出是指政府会计主体在预算年度内依法发生并纳入预算管理的现金流出。

第22条　预算支出一般在实际支付时予以确认，以实际支付的金额计量。

第23条　预算结余是指政府会计主体预算年度内预算收入扣除预算支出后的资金余额，以及历年滚存的资金余额。

第24条　预算结余包括结余资金和结转资金。

结余资金是指年度预算执行终了，预算收入实际完成数扣除预算支出和结转资金后剩余的资金。

结转资金是指预算安排项目的支出年终尚未执行完毕或者因故未执行，且下年需要按原用途继续使用的资金。

第25条　符合预算收入、预算支出和预算结余定义及其确认条件的项目应当列入政府决算报表。

第26条　政府财务会计要素包括资产、负债、净资产、收入和费用。

3.《会计基础工作规范》（2019年3月14日）

第37条　各单位发生的下列事项，应当及时办理会计手续、进行会计核算：

（一）款项和有价证券的收付；

（二）财物的收发、增减和使用；

（三）债权债务的发生和结算；

（四）资本、基金的增减；

（五）收入、支出、费用、成本的计算；

（六）财务成果的计算和处理；

（七）其他需要办理会计手续、进行会计核算的事项。

第38条　各单位的会计核算应当以实际发生的经济业务为依据，按照规定的会计处理方法进行，保证会计指标的口径一致、相互可比和会计处理方法的前后各期相一致。

第十一条　会计年度

会计年度自公历1月1日起至12月31日止。

● 行政法规及文件

1.《企业财务会计报告条例》(2000 年 6 月 21 日)

第 6 条　财务会计报告分为年度、半年度、季度和月度财务会计报告。

第 13 条　年度、半年度会计报表至少应当反映两个年度或者相关两个期间的比较数据。

第 19 条　企业应当依照有关法律、行政法规和本条例规定的结账日进行结账，不得提前或者延迟。年度结账日为公历年度每年的 12 月 31 日；半年度、季度、月度结账日分别为公历年度每半年、每季、每月的最后一天。

● 部门规章及文件

2.《政府会计准则——基本准则》(2015 年 10 月 23 日)

第 8 条　政府会计核算应当划分会计期间，分期结算账目，按规定编制决算报告和财务报告。

会计期间至少分为年度和月度。会计年度、月度等会计期间的起讫日期采用公历日期。

3.《会计基础工作规范》(2019 年 3 月 14 日)

第 39 条　会计年度自公历 1 月 1 日起至 12 月 31 日止。

4.《企业会计准则——基本准则》(2014 年 7 月 23 日)

第 7 条　企业应当划分会计期间，分期结算账目和编制财务会计报告。

会计期间分为年度和中期。中期是指短于一个完整的会计年度的报告期间。

5.《企业会计制度》(2000 年 12 月 29 日)

第 7 条　会计核算应当划分会计期间，分期结算账目和编制财务会计报告。会计期间分为年度、半年度、季度和月度。年度、半年度、季度和月度均按公历起讫日期确定。半年度、季度和月度均称为会计中期。

本制度所称的期末和定期,是指月末、季末、半年末和年末。

6.《财政部关于印发外商投资企业执行〈企业会计制度〉问题解答的通知》(2022年5月26日 财会〔2002〕5号)

三、问:外商投资企业的会计年度与境外母公司的会计年度不一致的,外商投资企业能否采用母公司的会计年度?

答:根据《中华人民共和国会计法》第十一条规定"会计年度自公历1月1日起至12月31日止",因此,外商投资企业应当执行《会计法》中规定的会计年度,不能采用母公司会计年度。所有外商投资企业均应自2002年1月1日起开始执行《企业会计制度》。

如果外商投资企业的会计年度与境外母公司不一致的,在向境外母公司提供会计报表时,可在原报表基础上进行调整后提供。

7.《政府会计制度——行政事业单位会计科目和报表》(2017年10月24日 财会〔2017〕25号)

七、单位应当按照下列规定运用会计科目:

(一)单位应当按照本制度的规定设置和使用会计科目。在不影响会计处理和编制报表的前提下,单位可以根据实际情况自行增设或减少某些会计科目。

(二)单位应当执行本制度统一规定的会计科目编号,以便于填制会计凭证、登记账簿、查阅账目,实行会计信息化管理。

(三)单位在填制会计凭证、登记会计账簿时,应当填列会计科目的名称,或者同时填列会计科目的名称和编号,不得只填列会计科目编号、不填列会计科目名称。

(四)单位设置明细科目或进行明细核算,除遵循本制度规定外,还应当满足权责发生制政府部门财务报告和政府综合财务报告编制的其他需要。

八、单位应当按照下列规定编制财务报表和预算会计报表：

（一）财务报表的编制主要以权责发生制为基础，以单位财务会计核算生成的数据为准；预算会计报表的编制主要以收付实现制为基础，以单位预算会计核算生成的数据为准。

（二）财务报表由会计报表及其附注构成。会计报表一般包括资产负债表、收入费用表和净资产变动表。单位可根据实际情况自行选择编制现金流量表。

（三）预算会计报表至少包括预算收入支出表、预算结转结余变动表和财政拨款预算收入支出表。

（四）单位应当至少按照年度编制财务报表和预算会计报表。

（五）单位应当根据本制度规定编制真实、完整的财务报表和预算会计报表，不得违反本制度规定随意改变财务报表和预算会计报表的编制基础、编制依据、编制原则和方法，不得随意改变本制度规定的财务报表和预算会计报表有关数据的会计口径。

（六）财务报表和预算会计报表应当根据登记完整、核对无误的账簿记录和其他有关资料编制，做到数字真实、计算准确、内容完整、编报及时。

（七）财务报表和预算会计报表应当由单位负责人和主管会计工作的负责人、会计机构负责人（会计主管人员）签名并盖章。

第十二条　会计核算的记账本位币

会计核算以人民币为记账本位币。

业务收支以人民币以外的货币为主的单位，可以选定其中一种货币作为记账本位币，但是编报的财务会计报告应当折算为人民币。

● 部门规章及文件

1. **《政府会计准则——基本准则》**（2015年10月23日）

　　第9条　政府会计核算应当以人民币作为记账本位币。发生外币业务时，应当将有关外币金额折算为人民币金额计量，同时登记外币金额。

2. **《会计基础工作规范》**（2019年3月14日）

　　第40条　会计核算以人民币为记帐本位币。

　　收支业务以外国货币为主的单位，也可以选定某种外国货币作为记帐本位币，但是编制的会计报表应当折算为人民币反映。

　　境外单位向国内有关部门编报的会计报表，应当折算为人民币反映。

3. **《企业会计制度》**（2000年12月29日）

　　第8条　企业的会计核算以人民币为记账本位币。

　　业务收支以人民币以外的货币为主的企业、可以选定其中一种货币作为记账本位币，但是编报的财务会计报告应当折算为人民币。

　　在境外设立的中国企业向国内报送的财务会计报告，应当折算为人民币。

4. **《财政总会计制度》**（2022年11月18日）

　　第11条　总会计应当以人民币作为记账本位币，以元为金额单位，元以下记至角、分。发生外币业务，在登记外币金额的同时，一般应当按照业务发生当日中国人民银行公布的汇率中间价，将有关外币金额折算为人民币金额记账。

　　期末，各种以外币计价或结算的资产负债项目，应当按照期末中国人民银行公布的汇率中间价进行折算，因汇率变动产生的差额记入有关费用和支出科目。

5.《财政部关于印发〈资产管理产品相关会计处理规定〉的通知》(2022年5月25日 财会〔2022〕14号)

一、关于总体要求

资产管理产品的会计确认、计量和报告应当遵循企业会计准则。

资产管理产品的管理人应当以所管理的单只资产管理产品为主体进行会计确认、计量和报告。资产管理产品启用侧袋机制的,侧袋账户与主袋账户仍属同一会计主体。

资产管理产品的会计确认、计量和报告应当以持续经营为前提,除非资产管理产品以不同于产品说明书等文件初始载明的计划进行清算并导致资产无法按照公允价值处置。资产管理产品具有有限寿命本身不影响持续经营假设的成立。

资产管理产品的会计年度自公历1月1日起至12月31日止,首期会计期间的起始日为产品成立日,末期会计期间的结束日为产品终止日。

资产管理产品以人民币为记账本位币。以人民币以外的货币为主要募集和兑付币种的,可以按照企业会计准则的规定选定其中一种货币作为记账本位币并编制财务报表,同时应当将以人民币以外货币编制的财务报表折算为人民币财务报表。

资产管理产品应当按照企业会计准则相关规定和本规定设置和使用会计科目。在不违反确认、计量和报告规定的前提下,可以根据实际情况自行增设、分拆或合并会计科目。对于不存在的交易或者事项,可以不设置相关科目。

资产管理产品的财务报表至少应当包括资产负债表、利润表、净资产变动表和附注。为满足母公司编制合并财务报表等需要的,资产管理产品应当编制并向母公司报送现金流量表。

6.《农村集体经济组织会计制度》(2023年9月5日)

第8条 农村集体经济组织的会计核算应当以货币计量,以人民币为记账本位币,"元"为金额单位,"元"以下填至"分"。

7.《社会保障基金财政专户会计核算办法》(2018年12月29日)

第一部分　总则

......

八、财政专户的会计核算以人民币为本位币。

......

第十三条　**对会计资料的要求**

> 会计凭证、会计账簿、财务会计报告和其他会计资料,必须符合国家统一的会计制度的规定。
>
> 使用电子计算机进行会计核算的,其软件及其生成的会计凭证、会计账簿、财务会计报告和其他会计资料,也必须符合国家统一的会计制度的规定。
>
> 任何单位和个人不得伪造、变造会计凭证、会计账簿及其他会计资料,不得提供虚假的财务会计报告。

● 行政法规及文件

1.《企业财务会计报告条例》(2000年6月21日)

第7条　年度、半年度财务会计报告应当包括:

(一)会计报表;

(二)会计报表附注;

(三)财务情况说明书。

会计报表应当包括资产负债表、利润表、现金流量表及相关附表。

第8条　季度、月度财务会计报告通常仅指会计报表,会计报表至少应当包括资产负债表和利润表。国家统一的会计制度规定季度、月度财务会计报告需要编制会计报表附注的,从其规定。

第 22 条　企业编制年度和半年度财务会计报告时，对经查实后的资产、负债有变动的，应当按照资产、负债的确认和计量标准进行确认和计量，并按照国家统一的会计制度的规定进行相应的会计处理。

第 23 条　企业应当按照国家统一的会计制度规定的会计报表格式和内容，根据登记完整、核对无误的会计账簿记录和其他有关资料编制会计报表，做到内容完整、数字真实、计算准确，不得漏报或者任意取舍。

第 24 条　会计报表之间、会计报表各项目之间，凡有对应关系的数字，应当相互一致；会计报表中本期与上期的有关数字应当相互衔接。

第 25 条　会计报表附注和财务情况说明书应当按照本条例和国家统一的会计制度的规定，对会计报表中需要说明的事项作出真实、完整、清楚的说明。

第 26 条　企业发生合并、分立情形的，应当按照国家统一的会计制度的规定编制相应的财务会计报告。

第 31 条　企业对外提供的财务会计报告应当依次编定页数，加具封面，装订成册，加盖公章。封面上应当注明：企业名称、企业统一代码、组织形式、地址、报表所属年度或者月份、报出日期，并由企业负责人和主管会计工作的负责人、会计机构负责人（会计主管人员）签名并盖章；设置总会计师的企业，还应当由总会计师签名并盖章。

第 32 条　企业应当依照企业章程的规定，向投资者提供财务会计报告。

国务院派出监事会的国有重点大型企业、国有重点金融机构和省、自治区、直辖市人民政府派出监事会的国有企业，应当依法定期向监事会提供财务会计报告。

● 部门规章及文件

2.《政府会计准则——基本准则》(2015年10月23日)

第48条 政府决算报告是综合反映政府会计主体年度预算收支执行结果的文件。

政府决算报告应当包括决算报表和其他应当在决算报告中反映的相关信息和资料。

政府决算报告的具体内容及编制要求等,由财政部另行规定。

第49条 政府财务报告是反映政府会计主体某一特定日期的财务状况和某一会计期间的运行情况和现金流量等信息的文件。

政府财务报告应当包括财务报表和其他应当在财务报告中披露的相关信息和资料。

第50条 政府财务报告包括政府综合财务报告和政府部门财务报告。

政府综合财务报告是指由政府财政部门编制的,反映各级政府整体财务状况、运行情况和财政中长期可持续性的报告。

政府部门财务报告是指政府各部门、各单位按规定编制的财务报告。

第51条 财务报表是对政府会计主体财务状况、运行情况和现金流量等信息的结构性表述。

财务报表包括会计报表和附注。

会计报表至少应当包括资产负债表、收入费用表和现金流量表。

政府会计主体应当根据相关规定编制合并财务报表。

3.《会计基础工作规范》(2019年3月14日)

第41条 各单位根据国家统一会计制度的要求,在不影响会计核算要求、会计报表指标汇总和对外统一会计报表的前提下，可以根据实际情况自行设置和使用会计科目。

事业行政单位会计科目的设置和使用，应当符合国家统一事业行政单位会计制度的规定。

第42条 会计凭证、会计帐簿、会计报表和其他会计资料的内容和要求必须符合国家统一会计制度的规定，不得伪造、变造会计凭证和会计帐簿，不得设置帐外帐，不得报送虚假会计报表。

第43条 各单位对外报送的会计报表格式由财政部统一规定。

第44条 实行会计电算化的单位，对使用的会计软件及其生成的会计凭证、会计帐簿、会计报表和其他会计资料的要求，应当符合财政部关于会计电算化的有关规定。

第45条 各单位的会计凭证、会计帐簿、会计报表和其他会计资料，应当建立档案，妥善保管。会计档案建档要求、保管期限、销毁办法等依据《会计档案管理办法》的规定进行。

4.《企业会计准则——基本准则》（2014年7月23日）

第4条 企业应当编制财务会计报告（又称财务报告，下同）。财务会计报告的目标是向财务会计报告使用者提供与企业财务状况、经营成果和现金流量等有关的会计信息，反映企业管理层受托责任履行情况，有助于财务会计报告使用者作出经济决策。

财务会计报告使用者包括投资者、债权人、政府及其有关部门和社会公众等。

第12条 企业应当以实际发生的交易或者事项为依据进行会计确认、计量和报告，如实反映符合确认和计量要求的各项会计要素及其他相关信息，保证会计信息真实可靠、内容完整。

第13条 企业提供的会计信息应当与财务会计报告使用者

的经济决策需要相关，有助于财务会计报告使用者对企业过去、现在或者未来的情况作出评价或者预测。

第14条 企业提供的会计信息应当清晰明了，便于财务会计报告使用者理解和使用。

第15条 企业提供的会计信息应当具有可比性。

同一企业不同时期发生的相同或者相似的交易或者事项，应当采用一致的会计政策，不得随意变更。确需变更的，应当在附注中说明。

不同企业发生的相同或者相似的交易或者事项，应当采用规定的会计政策，确保会计信息口径一致、相互可比。

第17条 企业提供的会计信息应当反映与企业财务状况、经营成果和现金流量等有关的所有重要交易或者事项。

第18条 企业对交易或者事项进行会计确认、计量和报告应当保持应有的谨慎，不应高估资产或者收益、低估负债或者费用。

第19条 企业对于已经发生的交易或者事项，应当及时进行会计确认、计量和报告，不得提前或者延后。

5. 《企业会计制度》（2000年12月29日）

第11条 企业在会计核算时，应当遵循以下基本原则：

（一）会计核算应当以实际发生的交易或事项为依据，如实反映企业的财务状况、经营成果和现金流量。

（二）企业应当按照交易或事项的经济实质进行会计核算，而不应当仅仅按照它们的法律形式作为会计核算的依据。

（三）企业提供的会计信息应当能够反映企业的财务状况、经营成果和现金流量，以满足会计信息使用者的需要。

（四）企业的会计核算方法前后各期应当保持一致，不得随意变更。如有必要变更，应当将变更的内容和理由、变更的累积影响数，以及累积影响数不能合理确定的理由等，在会计报表附注中予以说明。

（五）企业的会计核算应当按照规定的会计处理方法进行，会计指标应当口径一致、相互可比。

（六）企业的会计核算应当及时进行，不得提前或延后。

（七）企业的会计核算和编制的财务会计报告应当清晰明了，便于理解和利用。

（八）企业的会计核算应当以权责发生制为基础。凡是当期已经实现的收入和已经发生或应当负担的费用，不论款项是否收付，都应当作为当期的收入和费用；凡是不属于当期的收入和费用，即使款项已在当期收付，也不应当作为当期的收入和费用。

（九）企业在进行会计核算时，收入与其成本、费用应当相互配比，同一会计期间内的各项收入和与其相关的成本、费用，应当在该会计期间内确认。

（十）企业的各项财产在取得时应当按照实际成本计量。其后，各项财产如果发生减值，应当按照本制度规定计提相应的减值准备。除法律、行政法规和国家统一的会计制度另有规定者外，企业一律不得自行调整其账面价值。

（十一）企业的会计核算应当合理划分收益性支出与资本性支出的界限。凡支出的效益仅及于本年度（或一个营业周期）的，应当作为收益性支出；凡支出的效益及于几个会计年度（或几个营业周期）的，应当作为资本性支出。

（十二）企业在进行会计核算时，应当遵循谨慎性原则的要求，不得多计资产或收益、少计负债或费用，但不得计提秘密准备。

（十三）企业的会计核算应当遵循重要性原则的要求，在会计核算过程中对交易或事项应当区别其重要程度，采用不同的核算方式。对资产、负债、损益等有较大影响，并进而影响财务会计报告使用者据以作出合理判断的重要会计事项，必须按照规定的会计方法和程序进行处理，并在财务会计报告中予以充分、准确地披露；

对于次要的会计事项，在不影响会计信息真实性和不至于误导财务会计报告使用者作出正确判断的前提下，可适当简化处理。

6.《政府会计制度——行政事业单位会计科目和报表》（2017年10月24日　财会〔2017〕25号）

五、单位会计核算应当具备财务会计与预算会计双重功能，实现财务会计与预算会计适度分离并相互衔接，全面、清晰反映单位财务信息和预算执行信息。

单位财务会计核算实行权责发生制；单位预算会计核算实行收付实现制，国务院另有规定的，依照其规定。

单位对于纳入部门预算管理的现金收支业务，在采用财务会计核算的同时应当进行预算会计核算；对于其他业务，仅需进行财务会计核算。

第十四条　对会计凭证的要求

会计凭证包括原始凭证和记账凭证。

办理本法第十条所列的经济业务事项，必须填制或者取得原始凭证并及时送交会计机构。

会计机构、会计人员必须按照国家统一的会计制度的规定对原始凭证进行审核，对不真实、不合法的原始凭证有权不予接受，并向单位负责人报告；对记载不准确、不完整的原始凭证予以退回，并要求按照国家统一的会计制度的规定更正、补充。

原始凭证记载的各项内容均不得涂改；原始凭证有错误的，应当由出具单位重开或者更正，更正处应当加盖出具单位印章。原始凭证金额有错误的，应当由出具单位重开，不得在原始凭证上更正。

记账凭证应当根据经过审核的原始凭证及有关资料编制。

● 行政法规及文件

1. 《企业财务会计报告条例》（2000年6月21日）

第21条　企业在编制财务会计报告前，除应当全面清查资产、核实债务外，还应当完成下列工作：

（一）核对各会计账簿记录与会计凭证的内容、金额等是否一致，记账方向是否相符；

（二）依照本条例规定的结账日进行结账，结出有关会计账簿的余额和发生额，并核对各会计账簿之间的余额；

（三）检查相关的会计核算是否按照国家统一的会计制度的规定进行；

（四）对于国家统一的会计制度没有规定统一核算方法的交易、事项，检查其是否按照会计核算的一般原则进行确认和计量以及相关账务处理是否合理；

（五）检查是否存在因会计差错、会计政策变更等原因需要调整前期或者本期相关项目。

在前款规定工作中发现问题的，应当按照国家统一的会计制度的规定进行处理。

● 部门规章及文件

2. 《会计基础工作规范》（2019年3月14日）

第47条　各单位办理本规范第三十七条规定的事项，必须取得或者填制原始凭证，并及时送交会计机构。

第48条　原始凭证的基本要求是：

（一）原始凭证的内容必须具备：凭证的名称；填制凭证的日期；填制凭证单位名称或者填制人姓名；经办人员的签名或者盖章；接受凭证单位名称；经济业务内容；数量、单价和金额。

（二）从外单位取得的原始凭证，必须盖有填制单位的公章；从个人取得的原始凭证，必须有填制人员的签名或者盖章。自制原始凭证必须有经办单位领导人或者其指定的人员签名或者盖章。对外开出的原始凭证，必须加盖本单位公章。

（三）凡填有大写和小写金额的原始凭证，大写与小写金额必须相符。购买实物的原始凭证，必须有验收证明。支付款项的原始凭证，必须有收款单位和收款人的收款证明。

（四）一式几联的原始凭证，应当注明各联的用途，只能以一联作为报销凭证。

一式几联的发票和收据，必须用双面复写纸（发票和收据本身具备复写纸功能的除外）套写，并连续编号。作废时应当加盖"作废"戳记，连同存根一起保存，不得撕毁。

（五）发生销货退回的，除填制退货发票外，还必须有退货验收证明；退款时，必须取得对方的收款收据或者汇款银行的凭证，不得以退货发票代替收据。

（六）职工公出借款凭据，必须附在记帐凭证之后。收回借款时，应当另开收据或者退还借据副本，不得退还原借款收据。

（七）经上级有关部门批准的经济业务，应当将批准文件作为原始凭证附件。如果批准文件需要单独归档的，应当在凭证上注明批准机关名称、日期和文件字号。

第 49 条　原始凭证不得涂改、挖补。发现原始凭证有错误的，应当由开出单位重开或者更正，更正处应当加盖开出单位的公章。

第 50 条　会计机构、会计人员要根据审核无误的原始凭证填制记帐凭证。

记帐凭证可以分为收款凭证、付款凭证和转帐凭证，也可以使用通用记帐凭证。

第 51 条　记帐凭证的基本要求是：

（一）记帐凭证的内容必须具备：填制凭证的日期；凭证编号；经济业务摘要；会计科目；金额；所附原始凭证张数；填制

凭证人员、稽核人员、记帐人员、会计机构负责人、会计主管人员签名或者盖章。收款和付款记帐凭证还应当由出纳人员签名或者盖章。

以自制的原始凭证或者原始凭证汇总表代替记帐凭证的，也必须具备记帐凭证应有的项目。

（二）填制记帐凭证时，应当对记帐凭证进行连续编号。一笔经济业务需要填制两张以上记帐凭证的，可以采用分数编号法编号。

（三）记帐凭证可以根据每一张原始凭证填制，或者根据若干张同类原始凭证汇总填制，也可以根据原始凭证汇总表填制。但不得将不同内容和类别的原始凭证汇总填制在一张记帐凭证上。

（四）除结帐和更正错误的记帐凭证可以不附原始凭证外，其他记帐凭证必须附有原始凭证。如果一张原始凭证涉及几张记帐凭证，可以把原始凭证附在一张主要的记帐凭证后面，并在其他记帐凭证上注明附有该原始凭证的记帐凭证的编号或者附原始凭证复印件。

一张原始凭证所列支出需要几个单位共同负担的，应当将其他单位负担的部分，开给对方原始凭证分割单，进行结算。原始凭证分割单必须具备原始凭证的基本内容：凭证名称、填制凭证日期、填制凭证单位名称或者填制人姓名、经办人的签名或者盖章、接受凭证单位名称、经济业务内容、数量、单价、金额和费用分摊情况等。

（五）如果在填制记帐凭证时发生错误，应当重新填制。

已经登记入帐的记帐凭证，在当年内发现填写错误时，可以用红字填写一张与原内容相同的记帐凭证，在摘要栏注明"注销某月某日某号凭证"字样，同时再用蓝字重新填制一张正确的记帐凭证，注明"订正某月某日某号凭证"字样。如果会计科目没有错误，只是金额错误，也可以将正确数字与错误数字之间的差额，另编一张调整的记帐凭证，调增金额用蓝字，调减金额用红字。发现以前年度记帐凭证有错误的，应当用蓝字填制一张更正的记帐凭证。

（六）记帐凭证填制完经济业务事项后，如有空行，应当自金额栏最后一笔金额数字下的空行处至合计数上的空行处划线注销。

第52条　填制会计凭证，字迹必须清晰、工整，并符合下列要求：

（一）阿拉伯数字应当一个一个地写，不得连笔写。阿拉伯金额数字前面应当书写货币币种符号或者货币名称简写和币种符号。币种符号与阿拉伯金额数字之间不得留有空白。凡阿拉伯数字前写有币种符号的，数字后面不再写货币单位。

（二）所有以元为单位（其他货币种类为货币基本单位，下同）的阿拉伯数字，除表示单价等情况外，一律填写到角分；无角分的，角位和分位可写"00"，或者符号"— —"；有角无分的，分位应当写"0"，不得用符号"— —"代替。

（三）汉字大写数字金额如零、壹、贰、叁、肆、伍、陆、柒、捌、玖、拾、佰、仟、万、亿等，一律用正楷或者行书体书写，不得用0、一、二、三、四、五、六、七、八、九、十等简化字代替，不得任意自造简化字。大写金额数字到元或者角为止的，在"元"或者"角"字之后应当写"整"字或者"正"字；大写金额数字有分的，分字后面不写"整"或者"正"字。

（四）大写金额数字前未印有货币名称的，应当加填货币名称，货币名称与金额数字之间不得留有空白。

（五）阿拉伯金额数字中间有"0"时，汉字大写金额要写"零"字；阿拉伯数字金额中间连续有几个"0"时，汉字大写金额中可以只写一个"零"字；阿拉伯金额数字元位是"0"，或者数字中间连续有几个"0"、元位也是"0"但角位不是"0"时，汉字大写金额可以只写一个"零"字，也可以不写"零"字。

第53条　实行会计电算化的单位，对于机制记帐凭证，要认真审核，做到会计科目使用正确，数字准确无误。打印出的机制记帐凭证要加盖制单人员、审核人员、记帐人员及会计机构负责人、会计主管人员印章或者签字。

第54条　各单位会计凭证的传递程序应当科学、合理，具体办法由各单位根据会计业务需要自行规定。

第55条　会计机构、会计人员要妥善保管会计凭证。

（一）会计凭证应当及时传递，不得积压。

（二）会计凭证登记完毕后，应当按照分类和编号顺序保管，不得散乱丢失。

（三）记帐凭证应当连同所附的原始凭证或者原始凭证汇总表，按照编号顺序，折叠整齐，按期装订成册，并加具封面，注明单位名称、年度、月份和起讫日期、凭证种类、起讫号码，由装订人在装订线封签外签名或者盖章。

对于数量过多的原始凭证，可以单独装订保管，在封面上注明记帐凭证日期、编号、种类，同时在记帐凭证上注明"附件另订"和原始凭证名称及编号。

各种经济合同、存出保证金收据以及涉外文件等重要原始凭证，应当另编目录，单独登记保管，并在有关的记帐凭证和原始凭证上相互注明日期和编号。

（四）原始凭证不得外借，其他单位如因特殊原因需要使用原始凭证时，经本单位会计机构负责人、会计主管人员批准，可以复制。向外单位提供的原始凭证复制件，应当在专设的登记簿上登记，并由提供人员和收取人员共同签名或者盖章。

（五）从外单位取得的原始凭证如有遗失，应当取得原开出单位盖有公章的证明，并注明原来凭证的号码、金额和内容等，由经办单位会计机构负责人、会计主管人员和单位领导人批准后，才能代作原始凭证。如果确实无法取得证明的，如火车、轮船、飞机票等凭证，由当事人写出详细情况，由经办单位会计机构负责人、会计主管人员和单位领导人批准后，代作原始凭证。

3.《**政府会计制度——行政事业单位会计科目和报表**》（2017年10月24日 财会〔2017〕25号）

资产负债表

会政财01表

编制单位：＿＿＿＿　　＿＿＿年＿月＿日　　　　单位：元

资 产	期末余额	年初余额	负债和净资产	期末余额	年初余额
流动资产：			流动负债：		
货币资金			短期借款		
短期投资			应交增值税		
财政应返还额度			其他应交税费		
应收票据			应缴财政款		
应收账款净额			应付职工薪酬		
预付账款			应付票据		
应收股利			应付账款		
应收利息			应付政府补贴款		
其他应收款净额			应付利息		
存货			预收账款		
待摊费用			其他应付款		
一年内到期的非流动资产			预提费用		
其他流动资产			一年内到期的非流动负债		
流动资产合计			其他流动负债		
非流动资产：			流动负债合计		

资　产	期末余额	年初余额	负债和净资产	期末余额	年初余额
长期股权投资			**非流动负债：**		
长期债券投资			长期借款		
固定资产原值			长期应付款		
减：固定资产累计折旧			预计负债		
固定资产净值			其他非流动负债		
工程物资			**非流动负债合计**		
在建工程			受托代理负债		
无形资产原值			**负债合计**		
减：无形资产累计摊销					
无形资产净值					
研发支出					
公共基础设施原值					
减：公共基础设施累计折旧（摊销）					
公共基础设施净值					
政府储备物资					
文物文化资产					
保障性住房原值					
减：保障性住房累计折旧			**净资产：**		
保障性住房净值			累计盈余		
长期待摊费用			专用基金		
待处理财产损溢			权益法调整		
其他非流动资产			无偿调拨净资产*		——
非流动资产合计			本期盈余*		

资产	期末余额	年初余额	负债和净资产	期末余额	年初余额
受托代理资产			净资产合计		
资产总计			负债和净资产总计		

注："＊"标识项目为月报项目，年报中不需列示。

收入费用表

会政财02表

编制单位：＿＿＿＿ ＿＿＿年＿月　　　　　　　　　　　单位：元

项　目	本月数	本年累计数
一、本期收入		
（一）财政拨款收入		
其中：政府性基金收入		
（二）事业收入		
（三）上级补助收入		
（四）附属单位上缴收入		
（五）经营收入		
（六）非同级财政拨款收入		
（七）投资收益		
（八）捐赠收入		
（九）利息收入		
（十）租金收入		
（十一）其他收入		
二、本期费用		
（一）业务活动费用		
（二）单位管理费用		
（三）经营费用		
（四）资产处置费用		
（五）上缴上级费用		

项 目	本月数	本年累计数
（六）对附属单位补助费用		
（七）所得税费用		
（八）其他费用		
三、本期盈余		

● **案例指引**

连云港市某工程有限公司、郑某等股东知情权纠纷案[（2024）苏 07 民终 1268 号]①

裁判摘要：郑某有权查阅会计账簿的相关原始凭证。理由：虽然现行公司法第三十三条第二款并未明确规定查阅会计账簿的范围是否包含相关原始凭证，但会计法第十五条第一款规定，"会计帐簿登记，必须以经过审核的会计凭证为依据，并符合有关法律、行政法规和国家统一的会计制度的规定"，第十四条第一款规定，"会计凭证包括原始凭证和记帐凭证"，因此，会计凭证可以视为会计账簿的附件。且基于原始会计凭证才是公司经营情况最真实的反映，如果股东查阅权的范围仅限于会计账簿，难以确保通过会计账簿了解公司的真实经营情况，无法保障股东知情权的有效行使。因此，一审判决郑某有权查阅会计账簿的相关原始凭证并无不当。

第十五条　会计账簿登记要求

> 会计账簿登记，必须以经过审核的会计凭证为依据，并符合有关法律、行政法规和国家统一的会计制度的规定。会计账簿包括总账、明细账、日记账和其他辅助性账簿。

---

① 本案例选自中国裁判文书网，最后访问时间：2024 年 7 月 2 日。

会计账簿应当按照连续编号的页码顺序登记。会计账簿记录发生错误或者隔页、缺号、跳行的，应当按照国家统一的会计制度规定的方法更正，并由会计人员和会计机构负责人（会计主管人员）在更正处盖章。

使用电子计算机进行会计核算的，其会计账簿的登记、更正，应当符合国家统一的会计制度的规定。

● 行政法规及文件

1.《企业财务会计报告条例》（2000年6月21日）

第17条　企业编制财务会计报告，应当根据真实的交易、事项以及完整、准确的账簿记录等资料，并按照国家统一的会计制度规定的编制基础、编制依据、编制原则和方法。

企业不得违反本条例和国家统一的会计制度规定，随意改变财务会计报告的编制基础、编制依据、编制原则和方法。

任何组织或者个人不得授意、指使、强令企业违反本条例和国家统一的会计制度规定，改变财务会计报告的编制基础、编制依据、编制原则和方法。

第21条　企业在编制财务会计报告前，除应当全面清查资产、核实债务外，还应当完成下列工作：

（一）核对各会计账簿记录与会计凭证的内容、金额等是否一致，记帐方向是否相符；

（二）依照本条例规定的结账日进行结账，结出有关会计账簿的余额和发生额，并核对各会计账簿之间的余额；

（三）检查相关的会计核算是否按照国家统一的会计制度的规定进行；

（四）对于国家统一的会计制度没有规定统一核算方法的交易、事项，检查其是否按照会计核算的一般原则进行确认和计量以及相关账务处理是否合理；

（五）检查是否存在因会计差错、会计政策变更等原因需要调整前期或者本期相关项目。

在前款规定工作中发现问题的，应当按照国家统一的会计制度的规定进行处理。

第23条　企业应当按照国家统一的会计制度规定的会计报表格式和内容，根据登记完整、核对无误的会计账簿记录和其他有关资料编制会计报表，做到内容完整、数字真实、计算准确，不得漏报或者任意取舍。

● 部门规章及文件

2.《会计基础工作规范》（2019年3月14日）

第56条　各单位应当按照国家统一会计制度的规定和会计业务的需要设置会计帐簿。会计帐簿包括总帐、明细帐、日记帐和其他辅助性帐簿。

第57条　现金日记帐和银行存款日记帐必须采用订本式帐簿。不得用银行对帐单或者其他方法代替日记帐。

第58条　实行会计电算化的单位，用计算机打印的会计帐簿必须连续编号，经审核无误后装订成册，并由记帐人员和会计机构负责人、会计主管人员签字或者盖章。

第59条　启用会计帐簿时，应当在帐簿封面上写明单位名称和帐簿名称。在帐簿扉页上应当附启用表，内容包括：启用日期、帐簿页数、记帐人员和会计机构负责人、会计主管人员姓名，并加盖名章和单位公章。记帐人员或者会计机构负责人、会计主管人员调动工作时，应当注明交接日期、接办人员或者监交人员姓名，并由交接双方人员签名或者盖章。

启用订本式帐簿，应当从第一页到最后一页顺序编定页数，不得跳页、缺号。使用活页式帐页，应当按帐户顺序编号，并须定期装订成册。装订后再按实际使用的帐页顺序编定页码。另加目录，记明每个帐户的名称和页次。

第60条　会计人员应当根据审核无误的会计凭证登记会计帐簿。登记帐簿的基本要求是：

（一）登记会计帐簿时，应当将会计凭证日期、编号、业务内容摘要、金额和其他有关资料逐项记入帐内，做到数字准确、摘要清楚、登记及时、字迹工整。

（二）登记完毕后，要在记帐凭证上签名或者盖章，并注明已经登帐的符号，表示已经记帐。

（三）帐簿中书写的文字和数字上面要留有适当空格，不要写满格；一般应占格距的二分之一。

（四）登记帐簿要用蓝黑墨水或者碳素墨水书写，不得使用圆珠笔（银行的复写帐簿除外）或者铅笔书写。

（五）下列情况，可以用红色墨水记帐：

1. 按照红字冲帐的记帐凭证，冲销错误记录；

2. 在不设借贷等栏的多栏式帐页中，登记减少数；

3. 在三栏式帐户的余额栏前，如未印明余额方向的，在余额栏内登记负数余额；

4. 根据国家统一会计制度的规定可以用红字登记的其他会计记录。

（六）各种帐簿按页次顺序连续登记，不得跳行、隔页。如果发生跳行、隔页，应当将空行、空页划线注销，或者注明"此行空白"、"此页空白"字样，并由记帐人员签名或者盖章。

（七）凡需要结出余额的帐户，结出余额后，应当在"借或贷"等栏内写明"借"或者"贷"等字样。没有余额的帐户，应当在"借或贷"等栏内写明"平"字，并在余额栏内用"Ｑ"表示。

现金日记帐和银行存款日记帐必须逐日结出余额。

（八）每一帐页登记完毕结转下页时，应当结出本页合计数及余额，写在本页最后一行和下页第一行有关栏内，并在摘要栏内注明"过次页"和"承前页"字样；也可以将本页合计数及金额只写在下页第一行有关栏内，并在摘要栏内注明"承前页"字样。

对需要结计本月发生额的帐户，结计"过次页"的本页合计数应当为自本月初起至本页末止的发生额合计数；对需要结计本年累计发生额的帐户，结计"过次页"的本页合计数应当为自年初起至本页末止的累计数；对既不需要结计本月发生额也不需要结计本年累计发生额的帐户，可以只将每页末的余额结转次页。

第61条　帐簿记录发生错误，不准涂改、挖补、刮擦或者用药水消除字迹，不准重新抄写，必须按照下列方法进行更正：

（一）登记帐簿时发生错误，应当将错误的文字或者数字划红线注销，但必须使原有字迹仍可辨认；然后在划线上方填写正确的文字或者数字，并由记帐人员在更正处盖章。对于错误的数字，应当全部划红线更正，不得只更正其中的错误数字。对于文字错误，可只划去错误的部分。

（二）由于记帐凭证错误而使帐簿记录发生错误，应当按更正的记帐凭证登记帐簿。

第62条　各单位应当定期对会计帐簿记录的有关数字与库存实物、货币资金、有价证券、往来单位或者个人等进行相互核对，保证帐证相符、帐帐相符、帐实相符。对帐工作每年至少进行一次。

（一）帐证核对。核对会计帐簿记录与原始凭证、记帐凭证的时间、凭证字号、内容、金额是否一致，记帐方向是否相符。

（二）帐帐核对。核对不同会计帐簿之间的帐簿记录是否相符，包括：总帐有关帐户的余额核对，总帐与明细帐核对，总帐与日记帐核对，会计部门的财产物资明细帐与财产物资保管和使用部门的有关明细帐核对等。

（三）帐实核对。核对会计帐簿记录与财产等实有数额是否相符。包括：现金日记帐帐面余额与现金实际库存数相核对；银行存款日记帐帐面余额定期与银行对帐单相核对；各种财物明细帐帐面余额与财物实存数额相核对；各种应收、应付款明细帐帐面余额与有关债务、债权单位或者个人核对等。

第63条 各单位应当按照规定定期结帐。

（一）结帐前，必须将本期内所发生的各项经济业务全部登记入帐。

（二）结帐时，应当结出每个帐户的期末余额。需要结出当月发生额的，应当在摘要栏内注明"本月合计"字样，并在下面通栏划单红线。需要结出本年累计发生额的，应当在摘要栏内注明"本年累计"字样，并在下面通栏划单红线；12月末的"本年累计"就是全年累计发生额。全年累计发生额下面应当通栏划双红线。年度终了结帐时，所有总帐帐户都应当结出全年发生额和年末余额。

（三）年度终了，要把各帐户的余额结转到下一会计年度，并在摘要栏注明"结转下年"字样；在下一会计年度新建有关会计帐簿的第一行余额栏内填写上年结转的余额，并在摘要栏注明"上年结转"字样。

第十六条　各单位的经济业务事项

各单位发生的各项经济业务事项应当在依法设置的会计账簿上统一登记、核算，不得违反本法和国家统一的会计制度的规定私设会计账簿登记、核算。

● 行政法规及文件

1. 《企业财务会计报告条例》（2000年6月21日）

第9条 资产负债表是反映企业在某一特定日期财务状况的报表。资产负债表应当按照资产、负债和所有者权益（或者股东权益，下同）分类分项列示。其中，资产、负债和所有者权益的定义及列示应当遵循下列规定：

（一）资产，是指过去的交易、事项形成并由企业拥有或者控制的资源，该资源预期会给企业带来经济利益。在资产负债表上，资产应当按照其流动性分类分项列示，包括流动资产、长期投资、固定资产、无形资产及其他资产。银行、保险公司和非银行金融机构的各项资产有特殊性的，按照其性质分类分项列示。

（二）负债，是指过去的交易、事项形成的现时义务，履行该义务预期会导致经济利益流出企业。在资产负债表上，负债应当按照其流动性分类分项列示，包括流动负债、长期负债等。银行、保险公司和非银行金融机构的各项负债有特殊性的，按照其性质分类分项列示。

（三）所有者权益，是指所有者在企业资产中享有的经济利益，其金额为资产减去负债后的余额。在资产负债表上，所有者权益应当按照实收资本（或者股本）、资本公积、盈余公积、未分配利润等项目分项列示。

第10条 利润表是反映企业在一定会计期间经营成果的报表。利润表应当按照各项收入、费用以及构成利润的各个项目分类分项列示。其中，收入、费用和利润的定义及列示应当遵循下列规定：

（一）收入，是指企业在销售商品、提供劳务及让渡资产使用权等日常活动中所形成的经济利益的总流入。收入不包括为第三方或者客户代收的款项。在利润表上，收入应当按照其重要性分项列示。

（二）费用，是指企业为销售商品、提供劳务等日常活动所发生的经济利益的流出。在利润表上，费用应当按照其性质分项列示。

（三）利润，是指企业在一定会计期间的经营成果。在利润表上，利润应当按照营业利润、利润总额和净利润等利润的构成分类分项列示。

第11条　现金流量表是反映企业一定会计期间现金和现金等价物（以下简称现金）流入和流出的报表。现金流量表应当按照经营活动、投资活动和筹资活动的现金流量分类分项列示。其中，经营活动、投资活动和筹资活动的定义及列示应当遵循下列规定：

（一）经营活动，是指企业投资活动和筹资活动以外的所有交易和事项。在现金流量表上，经营活动的现金流量应当按照其经营活动的现金流入和流出的性质分项列示；银行、保险公司和非银行金融机构的经营活动按照其经营活动特点分项列示。

（二）投资活动，是指企业长期资产的购建和不包括在现金等价物范围内的投资及其处置活动。在现金流量表上，投资活动的现金流量应当按照其投资活动的现金流入和流出的性质分项列示。

（三）筹资活动，是指导致企业资本及债务规模和构成发生变化的活动。在现金流量表上，筹资活动的现金流量应当按照其筹资活动的现金流入和流出的性质分项列示。

第12条　相关附表是反映企业财务状况、经营成果和现金流量的补充报表，主要包括利润分配表以及国家统一的会计制度规定的其他附表。

利润分配表是反映企业一定会计期间对实现净利润以及以前年度未分配利润的分配或者亏损弥补的报表。利润分配表应当按照利润分配各个项目分类分项列示。

● 部门规章及文件

2.《企业会计准则——基本准则》(2014 年 7 月 23 日)

第 22 条 符合资产定义和资产确认条件的项目,应当列入资产负债表;符合资产定义、但不符合资产确认条件的项目,不应当列入资产负债表。

第 25 条 符合负债定义和负债确认条件的项目,应当列入资产负债表;符合负债定义、但不符合负债确认条件的项目,不应当列入资产负债表。

第 29 条 所有者权益项目应当列入资产负债表。

第 32 条 符合收入定义和收入确认条件的项目,应当列入利润表。

第 36 条 符合费用定义和费用确认条件的项目,应当列入利润表。

第 40 条 利润项目应当列入利润表。

3.《政府会计准则——基本准则》(2015 年 10 月 23 日)

第 25 条 符合预算收入、预算支出和预算结余定义及其确认条件的项目应当列入政府决算报表。

第 32 条 符合资产定义和资产确认条件的项目,应当列入资产负债表。

第 38 条 符合负债定义和负债确认条件的项目,应当列入资产负债表。

第 41 条 净资产项目应当列入资产负债表。

第 44 条 符合收入定义和收入确认条件的项目,应当列入收入费用表。

第 47 条 符合费用定义和费用确认条件的项目,应当列入收入费用表。

4.《事业单位财务规则》（2022年1月7日）

第18条 事业单位应当将各项收入全部纳入单位预算，统一核算，统一管理，未纳入预算的收入不得安排支出。

第22条 事业单位应当将各项支出全部纳入单位预算，实行项目库管理，建立健全支出管理制度。

第24条 事业单位从财政部门和主管部门取得的有指定项目和用途的专项资金，应当专款专用、单独核算，并按照规定报送专项资金使用情况的报告，接受财政部门或者主管部门的检查、验收。

第25条 事业单位应当加强经济核算，可以根据开展业务活动及其他活动的实际需要，实行成本核算。成本核算的具体办法按照国务院财政部门相关规定执行。

第51条 事业单位应当建立健全财务风险预警和控制机制，规范和加强借入款项管理，如实反映依法举借债务情况，严格执行审批程序，不得违反规定融资或者提供担保。

5.《行政单位财务规则》（2023年1月28日）

第8条 各级预算单位应当按照预算管理级次申报预算，并按照批准的预算组织实施，定期将预算执行情况向上一级预算单位或者本级财政部门报告。

第9条 国家对行政单位实行收支统一管理、结转和结余按照规定使用的预算管理办法。

第17条 行政单位取得各项收入，应当符合国家规定，按照财务管理的要求，分项如实核算。

第18条 行政单位应当将各项收入全部纳入单位预算，统一核算，统一管理，未纳入预算的收入不得安排支出。

第49条 行政单位应当加强对暂存款项的管理，不得将应当纳入单位收入管理的款项列入暂存款项；对各种暂存款项应当及时清理、结算，不得长期挂账。

6. 《政府会计制度 ——行政事业单位会计科目和报表》（2017 年 10 月 24 日　财会〔2017〕25 号）

第二部分　会计科目名称和编号（节选）

序号	科目编号	科目名称
一、财务会计科目		
（一）资产类		
1	1001	库存现金
2	1002	银行存款
3	1011	零余额账户用款额度
4	1021	其他货币资金
5	1101	短期投资
6	1201	财政应返还额度
7	1211	应收票据
8	1212	应收账款
9	1214	预付账款
10	1215	应收股利
11	1216	应收利息
12	1218	其他应收款
13	1219	坏账准备
14	1301	在途物品
15	1302	库存物品
16	1303	加工物品

第三部分 会计科目使用说明（节选）

一、财务会计科目
(一) 资产类
1001 库存现金
一、本科目核算单位的库存现金。

二、单位应当严格按照国家有关现金管理的规定收支现金，并按照本制度规定核算现金的各项收支业务。

本科目应当设置"受托代理资产"明细科目，核算单位受托代理、代管的现金。

三、库存现金的主要账务处理如下：

（一）从银行等金融机构提取现金，按照实际提取的金额，借记本科目，贷记"银行存款"科目；将现金存入银行等金融机构，按照实际存入金额，借记"银行存款"科目，贷记本科目。

根据规定从单位零余额账户提取现金，按照实际提取的金额，借记本科目，贷记"零余额账户用款额度"科目。

将现金退回单位零余额账户，按照实际退回的金额，借记"零余额账户用款额度"科目，贷记本科目。

（二）因内部职工出差等原因借出的现金，按照实际借出的现金金额，借记"其他应收款"科目，贷记本科目。

出差人员报销差旅费时，按照实际报销的金额，借记"业务活动费用"、"单位管理费用"等科目，按照实际借出的现金金额，贷记"其他应收款"科目，按照其差额，借记或贷记本科目。

（三）因提供服务、物品或者其他事项收到现金，按照实际收到的金额，借记本科目，贷记"事业收入"、"应收账款"等相关科目。

……

8701 非财政拨款结余分配

一、本科目核算事业单位本年度非财政拨款结余分配的情况和结果。

二、非财政拨款结余分配的主要账务处理如下：

（一）年末，将"其他结余"科目余额转入本科目，当"其他结余"科目为贷方余额时，借记"其他结余"科目，贷记本科目；当"其他结余"科目为借方余额时，借记本科目，贷记"其他结余"科目。

年末，将"经营结余"科目贷方余额转入本科目，借记"经营结余"科目，贷记本科目。

（二）根据有关规定提取专用基金的，按照提取的金额，借记本科目，贷记"专用结余"科目。

（三）年末，按照规定完成上述（一）至（二）处理后，将本科目余额转入非财政拨款结余。当本科目为借方余额时，借记"非财政拨款结余——累计结余"科目，贷记本科目；当本科目为贷方余额时，借记本科目，贷记"非财政拨款结余——累计结余"科目。

第十七条 对账制度

各单位应当定期将会计账簿记录与实物、款项及有关资料相互核对，保证会计账簿记录与实物及款项的实有数额相符、会计账簿记录与会计凭证的有关内容相符、会计账簿之间相对应的记录相符、会计账簿记录与会计报表的有关内容相符。

● 法　律

1.《审计法》（2021年10月23日）

第34条　审计机关有权要求被审计单位按照审计机关的规定提供财务、会计资料以及与财政收支、财务收支有关的业务、管理等资料，包括电子数据和有关文档。被审计单位不得拒绝、拖延、谎报。

被审计单位负责人应当对本单位提供资料的及时性、真实性和完整性负责。

审计机关对取得的电子数据等资料进行综合分析，需要向被审计单位核实有关情况的，被审计单位应当予以配合。

第35条　国家政务信息系统和数据共享平台应当按照规定向审计机关开放。

审计机关通过政务信息系统和数据共享平台取得的电子数据等资料能够满足需要的，不得要求被审计单位重复提供。

第36条　审计机关进行审计时，有权检查被审计单位的财务、会计资料以及与财政收支、财务收支有关的业务、管理等资料和资产，有权检查被审计单位信息系统的安全性、可靠性、经济性，被审计单位不得拒绝。

第37条 审计机关进行审计时，有权就审计事项的有关问题向有关单位和个人进行调查，并取得有关证明材料。有关单位和个人应当支持、协助审计机关工作，如实向审计机关反映情况，提供有关证明材料。

审计机关经县级以上人民政府审计机关负责人批准，有权查询被审计单位在金融机构的账户。

审计机关有证据证明被审计单位违反国家规定将公款转入其他单位、个人在金融机构账户的，经县级以上人民政府审计机关主要负责人批准，有权查询有关单位、个人在金融机构与审计事项相关的存款。

● 行政法规及文件

2.《企业财务会计报告条例》（2000年6月21日）

第23条 企业应当按照国家统一的会计制度规定的会计报表格式和内容，根据登记完整、核对无误的会计账簿记录和其他有关资料编制会计报表，做到内容完整、数字真实、计算准确，不得漏报或者任意取舍。

第24条 会计报表之间、会计报表各项目之间，凡有对应关系的数字，应当相互一致；会计报表中本期与上期的有关数字应当相互衔接。

● 部门规章及文件

3.《企业会计制度》（2000年12月29日）

第15条 企业应当设置现金和银行存款日记账。按照业务发生顺序逐日逐笔登记。银行存款应按银行和其他金融机构的名称和存款种类进行明细核算。

有外币现金和存款的企业，还应当分别按人民币和外币进行明细核算。

现金的账面余额必须与库存数相符；银行存款的账面余额应当与银行对账单定期核对，并按月编制银行存款余额调节表调节相符。

本制度所称的账面余额，是指某科目的账面实际余额，不扣除作为该科目备抵的项目（如累计折旧、相关资产的减值准备等）。

第78条 本制度所称的"达到预定可使用状态"，是指固定资产已达到购买方或建造方预定的可使用状态。当存在下列情况之一时，可认为所购建的固定资产已达到预定可使用状态：

（一）固定资产的实体建造（包括安装）工作已经全部完成或者实质上已经全部完成；

（二）已经过试生产或试运行，并且其结果表明资产能够正常运行或者能够稳定地生产出合格产品时，或者试运行结果表明能够正常运转或营业时；

（三）该项建造的固定资产上的支出金额很少或者几乎不再发生；

（四）所购建的固定资产已经达到设计或合同要求，或与设计或合同要求相符或基本相符，即使有极个别地方与设计或合同要求不相符，也不足以影响其正常使用。

第十八条　会计处理方法的基本要求

各单位采用的会计处理方法，前后各期应当一致，不得随意变更；确有必要变更的，应当按照国家统一的会计制度的规定变更，并将变更的原因、情况及影响在财务会计报告中说明。

● 部门规章及文件

1. 《企业会计准则——基本准则》（2014 年 7 月 23 日）

    第 15 条　企业提供的会计信息应当具有可比性。

    同一企业不同时期发生的相同或者相似的交易或者事项，应当采用一致的会计政策，不得随意变更。确需变更的，应当在附注中说明。

    不同企业发生的相同或者相似的交易或者事项，应当采用规定的会计政策，确保会计信息口径一致、相互可比。

2. 《政府会计准则——基本准则》（2015 年 10 月 23 日）

    第 15 条　政府会计主体提供的会计信息应当具有可比性。

    同一政府会计主体不同时期发生的相同或者相似的经济业务或者事项，应当采用一致的会计政策，不得随意变更。确需变更的，应当将变更的内容、理由及其影响在附注中予以说明。

    不同政府会计主体发生的相同或者相似的经济业务或者事项，应当采用一致的会计政策，确保政府会计信息口径一致，相互可比。

3. 《公开发行证券的公司信息披露编报规则第 15 号——财务报告的一般规定》（2023 年 12 月 22 日）

    第 16 条　公司应制定与实际生产经营特点相适应的具体会计政策，并充分披露重要会计政策和会计估计。公司根据实际生产经营特点制定的具体会计政策和会计估计，应在本节开始部分对相关事项进行提示。公司不应简单照搬会计准则相关规定原文，应结合所属行业特点和自身情况进行披露。

    ……

    （五）同一控制下和非同一控制下企业合并的会计处理方法。

    （六）控制的判断标准和合并财务报表的编制方法。

    （七）合营安排的分类及共同经营的会计处理方法。

（八）编制现金流量表时现金及现金等价物的确定标准。

（九）发生外币交易时折算汇率的确定方法，在资产负债表日对外币货币性项目采用的折算方法，汇兑损益的处理方法以及外币报表折算的会计处理方法。

（十）金融工具的分类、确认依据和计量方法，金融资产转移的确认依据和计量方法，金融负债终止确认条件，金融资产和金融负债的公允价值确定方法，金融资产减值的测试方法及会计处理方法。

（十一）应收票据、应收账款、应收款项融资、其他应收款、合同资产等应收款项坏账准备的确认标准和计提方法。应收款项按照信用风险特征组合计提坏账准备的，应披露组合类别及确定依据。基于账龄确认信用风险特征组合的，应披露账龄计算方法。应收款项按照单项计提坏账准备的，应披露认定单项计提的判断标准。

（十二）存货类别，发出存货的计价方法，存货的盘存制度，低值易耗品和包装物的摊销方法。存货跌价准备的确认标准和计提方法，按照组合计提存货跌价准备的，应披露组合类别及确定依据以及不同类别存货可变现净值的确定依据。基于库龄确认存货可变现净值的，应披露各库龄组合可变现净值的计算方法和确定依据。

（十三）划分为持有待售的非流动资产或处置组的确认标准和会计处理方法，终止经营的认定标准和列报方法。

（十四）共同控制、重大影响的判断标准，长期股权投资的初始投资成本确定、后续计量及损益确认方法。

（十五）投资性房地产计量模式。采用成本模式的，披露各类投资性房地产的折旧或摊销方法；采用公允价值模式的，披露选择公允价值计量的依据。

（十六）固定资产的确认条件、公司根据自身实际情况确定的分类、折旧方法，各类固定资产的折旧年限、估计残值率和年折旧率。

（十七）按类别披露在建工程结转为固定资产的标准和时点。

（十八）借款费用资本化的确认原则、资本化期间、暂停资本化期间、借款费用资本化率以及资本化金额的计算方法。

（十九）生物资产的分类及确定标准。各类生产性生物资产的使用寿命和预计净残值及其确定依据、折旧方法。采用公允价值模式的，披露选择公允价值计量的依据。

（二十）各类油气资产相关支出的资本化标准，各类油气资产的折耗或摊销方法，采矿许可证等执照费用的会计处理方法以及油气储量估计的判断依据等。

（二十一）无形资产的计价方法。使用寿命有限的无形资产，应披露其使用寿命的确定依据、估计情况以及摊销方法；使用寿命不确定的无形资产，应披露其使用寿命不确定的判断依据以及对其使用寿命进行复核的程序。

结合公司自身业务模式和研发项目特点，披露研发支出的归集范围，划分研究阶段和开发阶段的具体标准，以及开发阶段支出资本化的具体条件。

（二十二）长期股权投资、采用成本模式计量的投资性房地产、固定资产、在建工程、使用权资产、采用成本模式计量的生产性生物资产、油气资产、无形资产、商誉等长期资产的减值测试方法及会计处理方法。

（二十三）长期待摊费用的性质、摊销方法及摊销年限。

（二十四）职工薪酬的分类及会计处理方法。

（二十五）预计负债的确认标准和各类预计负债的计量方法。

（二十六）股份支付计划的会计处理方法，包括修改或终止股份支付计划的相关会计处理。

（二十七）优先股、永续债等其他金融工具的会计处理方法。

（二十八）收入确认原则和计量方法。公司应结合实际生产经营特点制定收入确认会计政策，按照业务类型（如建筑施工、贸易等）披露具体收入确认方式及计量方法，同类业务采用不同经营模式涉及不同收入确认方式及计量方法的，应当分别披露。公司披露的收入确认会计政策应包括但不限于：

1. 识别履约义务涉及重大会计判断的，应披露具体判断依据。

2. 确定交易价格、估计可变对价、分摊交易价格以及计量预期退还给客户的款项等类似义务所采用的方法。

3. 履约义务实现方式，收入确认时点及判断依据，履约进度计量方法及判断依据。

4. 主要责任人认定涉及重大会计判断的，应披露具体判断依据。

（二十九）合同取得成本、合同履约成本的确认标准、减值测试等会计处理方法。

（三十）政府补助的类型及会计处理方法。

（三十一）递延所得税资产和递延所得税负债的确认及净额抵销列示的依据。

（三十二）租赁的会计处理方法。承租人对短期租赁和低价值资产租赁进行简化处理的，应披露判断依据和会计处理方法。出租人应披露租赁分类标准和会计处理方法。

（三十三）其他重要的会计政策和会计估计，包括但不限于：采用套期会计的依据、会计处理方法，与回购公司股份相关的会计处理方法，资产证券化业务会计处理方法和判断依据，债务重组损益确认时点和会计处理方法等。

（三十四）本期发生重要会计政策和会计估计变更的，公司应充分披露变更的内容和原因、受重要影响的报表项目名称和金额，以及会计估计变更开始适用的时点。

4.《企业会计准则第 28 号——会计政策、会计估计变更和差错更正》(2006 年 3 月 9 日)

第三条 企业应当对相同或者相似的交易或者事项采用相同的会计政策进行处理。但是，其他会计准则另有规定的除外。

会计政策，是指企业在会计确认、计量和报告中所采用的原则、基础和会计处理方法。

第四条 企业采用的会计政策，在每一会计期间和前后各期应当保持一致，不得随意变更。但是，满足下列条件之一的，可以变更会计政策：

（一）法律、行政法规或者国家统一的会计制度等要求变更。

（二）会计政策变更能够提供更可靠、更相关的会计信息。

第五条 下列各项不属于会计政策变更：

（一）本期发生的交易或者事项与以前相比具有本质差别而采用新的会计政策。

（二）对初次发生的或不重要的交易或者事项采用新的会计政策。

第十五条 企业应当在附注中披露与会计政策变更有关的下列信息：

（一）会计政策变更的性质、内容和原因。

（二）当期和各个列报前期财务报表中受影响的项目名称和调整金额。

（三）无法进行追溯调整的，说明该事实和原因以及开始应用变更后的会计政策的时点、具体应用情况。

第十六条 企业应当在附注中披露与会计估计变更有关的下列信息：

（一）会计估计变更的内容和原因。

（二）会计估计变更对当期和未来期间的影响数。

（三）会计估计变更的影响数不能确定的，披露这一事实和原因。

5.《企业会计制度》(2000年12月29日)

第十章 会计调整

第121条 会计调整,是指企业因按照国家法律、行政法规和会计制度的要求,或者因特定情况下按照会计制度规定对企业原采用的会计政策、会计估计,以及发现的会计差错、发生的资产负债表日后事项等所作的调整。

会计政策,是指企业在会计核算时所遵循的具体原则以及企业所采纳的具体会计处理方法。具体原则,是指企业按照国家统一的会计核算制度所制定的、适合于本企业的会计制度中所采用的会计原则;具体会计处理方法,是指企业在会计核算中对于诸多可选择的会计处理方法中所选择的、适合于本企业的会计处理方法。例如,长期投资的具体会计处理方法、坏账损失的核算方法等。

会计估计,是指企业对其结果不确定的交易或事项以最近可利用的信息为基础所作的判断。例如,固定资产预计使用年限与预计净残值、预计无形资产的受益期等。

资产负债表日后事项,是指自年度资产负债表日至财务会计报告批准报出日之间发生的需要调整或说明的事项,包括调整事项和非调整事项两类。

第一节 会计政策变更

第122条 会计政策的变更,必须符合下列条件之一:

(一)法律或会计制度等行政法规、规章的要求;

(二)这种变更能够提供有关企业财务状况、经营成果和现金流量等更可靠、更相关的会计信息。

第123条 下列各项不属于会计政策变更:

(一)本期发生的交易或事项与以前相比具有本质差别而采用新的会计政策;

(二)对初次发生的或不重要的交易或事项采用新的会计

政策。

第 124 条 企业按照法律或会计制度等行政法规、规章要求变更会计政策时,应按国家发布的相关会计处理规定执行,如果没有相关的会计处理规定,应当采用追溯调整法进行处理。企业为了能够提供更可靠、更相关的会计信息而变更会计政策时,应当采用追溯调整法进行处理。

追溯调整法,是指对某项交易或事项变更会计政策时,如同该交易或事项初次发生时就开始采用新的会计政策,并以此对相关项目进行调整的方法。在采用追溯调整法时,应当将会计政策变更的累积影响数调整期初留存收益,会计报表其他相关项目的期初数也应一并调整,但不需要重编以前年度的会计报表。

第 125 条 会计政策变更的累积影响数,是指按变更后的会计政策对以前各项追溯计算的变更年度期初留存收益应有的金额与现有的金额之间的差额。会计政策变更的累积影响数,是假设与会计政策变更相关的交易或事项在初次发生时即采用新的会计政策,而得出的变更年度期初留存收益应有的金额,与现有的金额之间的差额。本制度所称的会计政策变更的累积影响数,是变更会计政策所导致的对净损益的累积影响,以及由此导致的对利润分配及未分配利润的累积影响金额,不包括分配的利润或股利。留存收益包括法定盈余公积、法定公益金、任意盈余公积及未分配利润(外商投资企业包括储备基金、企业发展基金)。累积影响数通常可以通过以下各步计算获得:

第一步,根据新的会计政策重新计算受影响的前期交易或事项;

第二步,计算两种会计政策下的差异;

第三步,计算差异的所得税影响金额(如果需要调整所得税影响金额的);

第四步,确定前期中的每一期的税后差异;

第五步，计算会计政策变更的累积影响数。

如果累积影响数不能合理确定，会计政策变更应当采用未来适用法。未来适用法，是指对某项交易或事项变更会计政策时，新的会计政策适用于变更当期及未来期间发生的交易或事项的方法。采用未来适用法时，不需要计算会计政策变更产生的累积影响数，也无须重编以前年度的会计报表。企业会计账簿记录及会计报表上反映的金额，变更之日仍然保留原有金额，不因会计政策变更而改变以前年度的既定结果，企业应当在现有金额的基础上按新的会计政策进行核算。

第126条　在编制比较会计报表时，对于比较会计报表期间的会计政策变更，应当调整各该期间的净损益和其他相关项目，视同该政策在比较会计报表期间一直采用。对于比较会计报表可比期间以前的会计政策变更的累积影响数，应当调整比较会计报表最早期间的期初留存收益，会计报表其他相关项目的数字也应一并调整。

第127条　企业应当在会计报表附注中披露会计政策变更的内容和理由、会计政策变更的影响数，以及累积影响数不能合理确定的理由。

第二节　会计估计变更

第128条　由于企业经营活动中内在不确定因素的影响，某些会计报表项目不能精确地计量，而只能加以估计。如果赖以进行估计的基础发生了变化，或者由于取得新的信息、积累更多的经验以及后来的发展变化，可能需要对会计估计进行修订。

第129条　会计估计变更时，不需要计算变更产生的累积影响数，也不需要重编以前年度会计报表，但应当对变更当期和未来期间发生的交易或事项采用新的会计估计进行处理。

第130条　会计估计的变更，如果仅影响变更当期，会计估计变更的影响数应计入变更当期与前期相同的相关项目中；如果既影响变更当期又影响未来期间，会计估计变更的影响数应计入变更当期和未来期间与前期相同的相关项目中。

第131条 会计政策变更和会计估计变更很难区分时，应当按照会计估计变更的处理方法进行处理。

第132条 企业应当在会计报表附注中披露会计估计变更的内容和理由、会计估计变更的影响数，以及会计估计变更的影响数不能确定的理由。

第三节 会计差错更正

第133条 本期发现的会计差错，应按以下原则处理：

（一）本期发现的与本期相关的会计差错，应当调整本期相关项目。

（二）本期发现的与前期相关的非重大会计差错，如影响损益，应当直接计入本期净损益，其他相关项目也应当作为本期数一并调整；如不影响损益，应当调整本期相关项目。

重大会计差错，是指企业发现的使公布的会计报表不再具有可靠性的会计差错。重大会计差错一般是指金额比较大，通常某项交易或事项的金额占该类交易或事项的金额10%及以上，则认为金额比较大。

（三）本期发现的与前期相关的重大会计差错，如影响损益，应当将其对损益的影响数调整发现当期的期初留存收益，会计报表其他相关项目的期初数也应一并调整；如不影响损益，应当调整会计报表相关项目的期初数。

（四）年度资产负债表日至财务会计报告批准报出日之间发现的报告年度的会计差错及以前年度的非重大会计差错，应当按照资产负债表日后事项中的调整事项进行处理。

年度资产负债表日至财务会计报告批准报出日之间发现的以前年度的重大会计差错，应当调整以前年度的相关项目。

第134条 在编制计较会计报表时，对于比较会计报表期间的重大会计差错,应当调整各该期间的净损益和其他相关项目;对于比较会计报表期间以前的重大会计差错,应当调整比较会计报表最早期间的期初留存收益,会计报表其他相关项目的数字也应一并调整。

第135条 企业应当在会计报表附注中披露重大会计差错的内容和重大会计差错的更正金额。

第136条 企业滥用会计政策、会计估计及其变更,应当作为重大会计差错予以更正。

第四节 资产负债表日后事项

第137条 资产负债表日后获得新的或进一步的证据,有助于对资产负债表日存在状况的有关金额作出重新估计,应当作为调整事项,据此对资产负债表日所反映的收入、费用、资产、负债以及所有者权益进行调整。以下是调整事项的例子:

(一)已证实资产发生了减损;

(二)销售退回;

(三)已确定获得或支付的赔偿。

资产负债表日后董事会或者经理(厂长)会议,或者类似机构制订的利润分配方案中与财务会计报告所属期间有关的利润分配,也应当作为调整事项,但利润分配方案中的股票股利(或以利润转增资本)应当作为非调整事项处理。

第138条 资产负债表日后发生的调整事项,应当如同资产负债表所属期间发生的事项一样,作出相关账务处理,并对资产负债表日已编制的会计报表作相应的调整。这里的会计报表包括资产负债表、利润表及其相关附表和现金流量表的补充资料内容,但不包括现金流量表正表。资产负债表日后发生的调整事项,应当分别以下情况进行账务处理:

(一)涉及损益的事项,通过"以前年度损益调整"科目核算。调整增加以前年度收益或调整减少以前年度亏损的事项,及其调整减少的所得税,记入"以前年度损益调整"科目的贷方;调整减少以前年度收益或调整增加以前年度亏损的事项,以及调整增加的所得税,记入"以前年度损益调整"科目的借方。"以前年度损益调整"科目的贷方或借方余额,转入"利润分配--未分配利润"科目。

(二)涉及利润分配调整的事项,直接通过"利润分配--未分配利润"科目核算。

(三)不涉及损益以及利润分配的事项,调整相关科目。

(四)通过上述账务处理后,还应同时调整会计报表相关项目的数字,包括:

1. 资产负债表日编制的会计报表相关项目的数字;

2. 当期编制的会计报表相关项目的年初数;

3. 提供比较会计报表时,还应调整有关会计报表的上年数;

4. 经过上述调整后,如果涉及会计报表附注内容的,还应当调整会计报表附注相关项目的数字。

第139条 资产负债表日以后才发生或存在的事项,不影响资产负债表日存在状况,但如不加以说明,将会影响财务会计报告使用者作出正确估计和决策,这类事项应当作为非调整事项,在会计报表附注中予以披露。以下是非调整事项的例子:

(一)股票和债券的发行;

(二)对一个企业的巨额投资;

(三)自然灾害导致的资产损失;

(四)外汇汇率发生较大变动。

非调整事项,应当在会计报表附注中说明其内容、估计对财务状况、经营成果的影响;如无法作出估计,应当说明其原因。

第十九条 或有事项的披露

单位提供的担保、未决诉讼等或有事项,应当按照国家统一的会计制度的规定,在财务会计报告中予以说明。

● 行政法规及文件

1. 《企业财务会计报告条例》(2000 年 6 月 21 日)

第 14 条 会计报表附注是为便于会计报表使用者理解会计报表的内容而对会计报表的编制基础、编制依据、编制原则和方法及主要项目等所作的解释。会计报表附注至少应当包括下列内容:

(一)不符合基本会计假设的说明;

(二)重要会计政策和会计估计及其变更情况、变更原因及其对财务状况和经营成果的影响;

(三)或有事项和资产负债表日后事项的说明;

(四)关联方关系及其交易的说明;

(五)重要资产转让及其出售情况;

(六)企业合并、分立;

(七)重大投资、融资活动;

(八)会计报表中重要项目的明细资料;

(九)有助于理解和分析会计报表需要说明的其他事项。

● 部门规章及文件

2. 《公开发行证券的公司信息披露编报规则第 15 号——财务报告的一般规定(2023 年修订)》(2023 年 12 月 22 日)

第 66 条 公司应披露资产负债表日存在的重要或有事项。

第 67 条 公司没有重要或有事项的,也应说明。

3. 《公开发行证券的公司信息披露解释性公告第 1 号——非经常性损益(2023 年修订)》(2023 年 12 月 22 日)

三、非经常性损益通常包括以下项目:

......

（十九）与公司正常经营业务无关的或有事项产生的损益；

......

4. **《财政部关于印发〈企业数据资源相关会计处理暂行规定〉的通知》**（2023 年 8 月 1 日）

三、关于列示和披露要求

......

（二）相关披露。

企业应当按照相关企业会计准则及本规定等，在会计报表附注中对数据资源相关会计信息进行披露。

......

3. 其他披露要求。

企业对数据资源进行评估且评估结果对企业财务报表具有重要影响的，应当披露评估依据的信息来源，评估结论成立的假设前提和限制条件，评估方法的选择，各重要参数的来源、分析、比较与测算过程等信息。

企业可以根据实际情况，自愿披露数据资源（含未作为无形资产或存货确认的数据资源）下列相关信息：

......

（5）重大交易事项中涉及的数据资源对该交易事项的影响及风险分析，重大交易事项包括但不限于企业的经营活动、投融资活动、质押融资、关联方及关联交易、承诺事项、或有事项、债务重组、资产置换等。

......

5. **《企业会计制度》**（2000 年 12 月 29 日）

第十一章　或有事项

第 140 条　或有事项，是指过去的交易或事项形成的一种状况，其结果须通过未来不确定事项的发生或不发生予以证实。

或有负债，是指过去的交易或事项形成的潜在义务，其存在须通过未来不确定事项的发生或不发生予以证实；或过去的交易或事项形成的现时义务，履行该义务不是很可能导致经济利益流出企业或该义务的金额不能可靠地计量。

或有资产，是指过去的交易或事项形成的潜在资产，其存在须通过未来不确定事项的发生或不发生予以证实。

第141条　如果与或有事项相关的义务同时符合以下条件，企业应当将其作为负债：

（一）该义务是企业承担的现时义务；

（二）该义务的履行很可能导致经济利益流出企业；

（三）该义务的金额能够可靠地计量。

符合上述确认条件的负债，应当在资产负债表中单列项目反映。

第142条　符合上述确认条件的负债，其金额应当是清偿该负债所需支出的最佳估计数。如果所需支出存在一个金额范围，则最佳估计数应按该范围的上、下限金额的平均数确定；如果所需支出不存在一个金额范围，则最佳估计数应按如下方法确定：

（一）或有事项涉及单个项目时，最佳估计数按最可能发生的金额确定；

（二）或有事项涉及多个项目时，最佳估计数按各种可能发生额及其发生概率计算确定。

第143条　如果清偿符合上述确认条件的负债所需支出全部或部分预期由第三方或其他方补偿，则补偿金额只能在基本确定能收到时，作为资产单独确认，但确认的补偿金额不应当超过所确认负债的账面价值。

符合上述确认条件的资产，应当在资产负债表中单列项目反映。

第144条　企业不应当确认或有负债和或有资产。

第145条　企业应当在会计报表附注中披露如下或有负债形

成的原因，预计产生的财务影响（如无法预计，应当说明理由），以及获得补偿的可能性：

（一）已贴现商业承兑汇票形成的或有负债；

（二）未决诉讼、仲裁形成的或有负债；

（三）为其他单位提供债务担保形成的或有负债；

（四）其他或有负债（不包括极小可能导致经济利益流出企业的或有负债）。

第146条 或有资产一般不应当在会计报表附注中披露。但或有资产很可能会给企业带来经济利益时，应当在会计报表附注中披露其形成的原因；如果能够预计其产生的财务影响，还应当作相应披露。

在涉及未决诉讼、仲裁的情况下，按本章规定如果披露全部或部分信息预期会对企业造成重大不利影响，则企业无需披露这些信息，但应披露未决诉讼、仲裁的形成原因。

第二十条 财务会计报告的编制、财务报告的组成及其对外提供的要求

财务会计报告应当根据经过审核的会计账簿记录和有关资料编制，并符合本法和国家统一的会计制度关于财务会计报告的编制要求、提供对象和提供期限的规定；其他法律、行政法规另有规定的，从其规定。

向不同的会计资料使用者提供的财务会计报告，其编制依据应当一致。有关法律、行政法规规定财务会计报告须经注册会计师审计的，注册会计师及其所在的会计师事务所出具的审计报告应当随同财务会计报告一并提供。

● 法　律

1. 《公司法》（2023 年 12 月 29 日）

　　第 208 条　公司应当在每一会计年度终了时编制财务会计报告，并依法经会计师事务所审计。

　　财务会计报告应当依照法律、行政法规和国务院财政部门的规定制作。

　　第 209 条　有限责任公司应当按照公司章程规定的期限将财务会计报告送交各股东。

　　股份有限公司的财务会计报告应当在召开股东会年会的二十日前置备于本公司，供股东查阅；公开发行股份的股份有限公司应当公告其财务会计报告。

2. 《注册会计师法》（2014 年 8 月 31 日）

　　　　　　　　第三章　业务范围和规则

　　第 14 条　注册会计师承办下列审计业务：

　　（一）审查企业会计报表，出具审计报告；

　　（二）验证企业资本，出具验资报告；

　　（三）办理企业合并、分立、清算事宜中的审计业务，出具有关的报告；

　　（四）法律、行政法规规定的其他审计业务。

　　注册会计师依法执行审计业务出具的报告，具有证明效力。

　　第 15 条　注册会计师可以承办会计咨询、会计服务业务。

　　第 16 条　注册会计师承办业务，由其所在的会计师事务所统一受理并与委托人签订委托合同。

　　会计师事务所对本所注册会计师依照前款规定承办的业务，承担民事责任。

　　第 17 条　注册会计师执行业务，可以根据需要查阅委托人的有关会计资料和文件，查看委托人的业务现场和设施，要求委托人提供其他必要的协助。

第18条　注册会计师与委托人有利害关系的，应当回避；委托人有权要求其回避。

第19条　注册会计师对在执行业务中知悉的商业秘密，负有保密义务。

第20条　注册会计师执行审计业务，遇有下列情形之一的，应当拒绝出具有关报告：

（一）委托人示意其作不实或者不当证明的；

（二）委托人故意不提供有关会计资料和文件的；

（三）因委托人有其他不合理要求，致使注册会计师出具的报告不能对财务会计的重要事项作出正确表述的。

第21条　注册会计师执行审计业务，必须按照执业准则、规则确定的工作程序出具报告。

注册会计师执行审计业务出具报告时，不得有下列行为：

（一）明知委托人对重要事项的财务会计处理与国家有关规定相抵触，而不予指明的；

（二）明知委托人的财务会计处理会直接损害报告使用人或者其他利害关系人的利益，而予以隐瞒或者作不实的报告；

（三）明知委托人的财务会计处理会导致报告使用人或者其他利害关系人产生重大误解，而不予指明的；

（四）明知委托人的会计报表的重要事项有其他不实的内容，而不予指明。

对委托人有前款所列行为，注册会计师按照执业准则、规则应当知道的，适用前款规定。

第22条　注册会计师不得有下列行为：

（一）在执行审计业务期间，在法律、行政法规规定不得买卖被审计单位的股票、债券或者不得购买被审计单位或者个人的其他财产的期限内，买卖被审计单位的股票、债券或者购买被审计单位或者个人所拥有的其他财产；

（二）索取、收受委托合同约定以外的酬金或者其他财物，或者利用执行业务之便，谋取其他不正当的利益；

（三）接受委托催收债款；

（四）允许他人以本人名义执行业务；

（五）同时在两个或者两个以上的会计师事务所执行业务；

（六）对其能力进行广告宣传以招揽业务；

（七）违反法律、行政法规的其他行为。

3.《刑法》（2023年12月29日）

第161条 依法负有信息披露义务的公司、企业向股东和社会公众提供虚假的或者隐瞒重要事实的财务会计报告，或者对依法应当披露的其他重要信息不按照规定披露，严重损害股东或者其他人利益，或者有其他严重情节的，对其直接负责的主管人员和其他直接责任人员，处五年以下有期徒刑或者拘役，并处或者单处罚金；情节特别严重的，处五年以上十年以下有期徒刑，并处罚金。

前款规定的公司、企业的控股股东、实际控制人实施或者组织、指使实施前款行为的，或者隐瞒相关事项导致前款规定的情形发生的，依照前款的规定处罚。

犯前款罪的控股股东、实际控制人是单位的，对单位判处罚金，并对其直接负责的主管人员和其他直接责任人员，依照第一款的规定处罚。

● 行政法规及文件

4.《企业财务会计报告条例》（2000年6月21日）

第2条 企业（包括公司，下同）编制和对外提供财务会计报告，应当遵守本条例。

本条例所称财务会计报告，是指企业对外提供的反映企业某一特定日期财务状况和某一会计期间经营成果、现金流量的文件。

第3条 企业不得编制和对外提供虚假的或者隐瞒重要事实的财务会计报告。

企业负责人对本企业财务会计报告的真实性、完整性负责。

第5条 注册会计师、会计师事务所审计企业财务会计报告，应当依照有关法律、行政法规以及注册会计师执业规则的规定进行，并对所出具的审计报告负责。

第8条 季度、月度财务会计报告通常仅指会计报表，会计报表至少应当包括资产负债表和利润表。国家统一的会计制度规定季度、月度财务会计报告需要编制会计报表附注的，从其规定。

第14条 会计报表附注是为便于会计报表使用者理解会计报表的内容而对会计报表的编制基础、编制依据、编制原则和方法及主要项目等所作的解释。会计报表附注至少应当包括下列内容：

（一）不符合基本会计假设的说明；

（二）重要会计政策和会计估计及其变更情况、变更原因及其对财务状况和经营成果的影响；

（三）或有事项和资产负债表日后事项的说明；

（四）关联方关系及其交易的说明；

（五）重要资产转让及其出售情况；

（六）企业合并、分立；

（七）重大投资、融资活动；

（八）会计报表中重要项目的明细资料；

（九）有助于理解和分析会计报表需要说明的其他事项。

第16条 企业应当于年度终了编报年度财务会计报告。国家统一的会计制度规定企业应当编报半年度、季度和月度财务会计报告的，从其规定。

第17条　企业编制财务会计报告，应当根据真实的交易、事项以及完整、准确的账簿记录等资料，并按照国家统一的会计制度规定的编制基础、编制依据、编制原则和方法。

企业不得违反本条例和国家统一的会计制度规定，随意改变财务会计报告的编制基础、编制依据、编制原则和方法。

任何组织或者个人不得授意、指使、强令企业违反本条例和国家统一的会计制度规定，改变财务会计报告的编制基础、编制依据、编制原则和方法。

第18条　企业应当依照本条例和国家统一的会计制度规定，对会计报表中各项会计要素进行合理的确认和计量，不得随意改变会计要素的确认和计量标准。

第19条　企业应当依照有关法律、行政法规和本条例规定的结账日进行结账，不得提前或者延迟。年度结账日为公历年度每年的12月31日；半年度、季度、月度结账日分别为公历年度每半年、每季、每月的最后一天。

第20条　企业在编制年度财务会计报告前，应当按照下列规定，全面清查资产、核实债务：

（一）结算款项，包括应收款项、应付款项、应交税金等是否存在，与债务、债权单位的相应债务、债权金额是否一致；

（二）原材料、在产品、自制半成品、库存商品等各项存货的实存数量与账面数量是否一致，是否有报废损失和积压物资等；

（三）各项投资是否存在，投资收益是否按照国家统一的会计制度规定进行确认和计量；

（四）房屋建筑物、机器设备、运输工具等各项固定资产的实存数量与账面数量是否一致；

（五）在建工程的实际发生额与账面记录是否一致；

（六）需要清查、核实的其他内容。

企业通过前款规定的清查、核实，查明财产物资的实存数量与账面数量是否一致、各项结算款项的拖欠情况及其原因、材料物资的实际储备情况、各项投资是否达到预期目的、固定资产的使用情况及其完好程度等。企业清查、核实后，应当将清查、核实的结果及其处理办法向企业的董事会或者相应机构报告，并根据国家统一的会计制度的规定进行相应的会计处理。

企业应当在年度中间根据具体情况，对各项财产物资和结算款项进行重点抽查、轮流清查或者定期清查。

第21条　企业在编制财务会计报告前，除应当全面清查资产、核实债务外，还应当完成下列工作：

（一）核对各会计账簿记录与会计凭证的内容、金额等是否一致，记账方向是否相符；

（二）依照本条例规定的结账日进行结账，结出有关会计账簿的余额和发生额，并核对各会计账簿之间的余额；

（三）检查相关的会计核算是否按照国家统一的会计制度的规定进行；

（四）对于国家统一的会计制度没有规定统一核算方法的交易、事项，检查其是否按照会计核算的一般原则进行确认和计量以及相关账务处理是否合理；

（五）检查是否存在因会计差错、会计政策变更等原因需要调整前期或者本期相关项目。

在前款规定工作中发现问题的，应当按照国家统一的会计制度的规定进行处理。

第22条　企业编制年度和半年度财务会计报告时，对经查实后的资产、负债有变动的，应当按照资产、负债的确认和计量标准进行确认和计量，并按照国家统一的会计制度的规定进行相应的会计处理。

第23条　企业应当按照国家统一的会计制度规定的会计报

表格式和内容，根据登记完整、核对无误的会计账簿记录和其他有关资料编制会计报表，做到内容完整、数字真实、计算准确，不得漏报或者任意取舍。

第24条　会计报表之间、会计报表各项目之间，凡有对应关系的数字，应当相互一致；会计报表中本期与上期的有关数字应当相互衔接。

第25条　会计报表附注和财务情况说明书应当按照本条例和国家统一的会计制度的规定，对会计报表中需要说明的事项作出真实、完整、清楚的说明。

第26条　企业发生合并、分立情形的，应当按照国家统一的会计制度的规定编制相应的财务会计报告。

第27条　企业终止营业的，应当在终止营业时按照编制年度财务会计报告的要求全面清查资产、核实债务、进行结账，并编制财务会计报告；在清算期间，应当按照国家统一的会计制度的规定编制清算期间的财务会计报告。

第28条　按照国家统一的会计制度的规定，需要编制合并会计报表的企业集团，母公司除编制其个别会计报表外，还应当编制企业集团的合并会计报表。

企业集团合并会计报表，是指反映企业集团整体财务状况、经营成果和现金流量的会计报表。

第29条　对外提供的财务会计报告反映的会计信息应当真实、完整。

第30条　企业应当依照法律、行政法规和国家统一的会计制度有关财务会计报告提供期限的规定，及时对外提供财务会计报告。

第31条　企业对外提供的财务会计报告应当依次编定页数，加具封面，装订成册，加盖公章。封面上应当注明：企业名称、企业统一代码、组织形式、地址、报表所属年度或者月份、报出日期，并由企业负责人和主管会计工作的负责人、会计机构负责人（会计主管人员）签名并盖章；设置总会计师的企业，还应当由总会计师签名并盖章。

第32条 企业应当依照企业章程的规定，向投资者提供财务会计报告。

国务院派出监事会的国有重点大型企业、国有重点金融机构和省、自治区、直辖市人民政府派出监事会的国有企业，应当依法定期向监事会提供财务会计报告。

第33条 有关部门或者机构依照法律、行政法规或者国务院的规定，要求企业提供部分或者全部财务会计报告及其有关数据的，应当向企业出示依据，并不得要求企业改变财务会计报告有关数据的会计口径。

第34条 非依照法律、行政法规或者国务院的规定，任何组织或者个人不得要求企业提供部分或者全部财务会计报告及其有关数据。

违反本条例规定，要求企业提供部分或者全部财务会计报告及其有关数据的，企业有权拒绝。

第35条 国有企业、国有控股的或者占主导地位的企业，应当至少每年一次向本企业的职工代表大会公布财务会计报告，并重点说明下列事项：

（一）反映与职工利益密切相关的信息，包括：管理费用的构成情况，企业管理人员工资、福利和职工工资、福利费用的发放、使用和结余情况，公益金的提取及使用情况，利润分配的情况以及其他与职工利益相关的信息；

（二）内部审计发现的问题及纠正情况；

（三）注册会计师审计的情况；

（四）国家审计机关发现的问题及纠正情况；

（五）重大的投资、融资和资产处置决策及其原因的说明；

（六）需要说明的其他重要事项。

第36条　企业依照本条例规定向有关各方提供的财务会计报告，其编制基础、编制依据、编制原则和方法应当一致，不得提供编制基础、编制依据、编制原则和方法不同的财务会计报告。

第37条　财务会计报告须经注册会计师审计的，企业应当将注册会计师及其会计师事务所出具的审计报告随同财务会计报告一并对外提供。

第38条　接受企业财务会计报告的组织或者个人，在企业财务会计报告未正式对外披露前，应当对其内容保密。

第40条　企业编制、对外提供虚假的或者隐瞒重要事实的财务会计报告，构成犯罪的，依法追究刑事责任。

有前款行为，尚不构成犯罪的，由县级以上人民政府财政部门予以通报，对企业可以处5000元以上10万元以下的罚款；对直接负责的主管人员和其他直接责任人员，可以处3000元以上5万元以下的罚款；属于国家工作人员的，并依法给予撤职直至开除的行政处分或者纪律处分；对其中的会计人员，情节严重的，并由县级以上人民政府财政部门吊销会计从业资格证书。

第41条　授意、指使、强令会计机构、会计人员及其他人员编制、对外提供虚假的或者隐瞒重要事实的财务会计报告，或者隐匿、故意销毁依法应当保存的财务会计报告，构成犯罪的，依法追究刑事责任；尚不构成犯罪的，可以处5000元以上5万元以下的罚款；属于国家工作人员的，并依法给予降级、撤职、开除的行政处分或者纪律处分。

第45条　不对外筹集资金、经营规模较小的企业编制和对外提供财务会计报告的办法，由国务院财政部门根据本条例的原则另行规定。

● 部门规章及文件

5. 《政府会计准则——基本准则》(2015年10月23日)

第5条 政府会计主体应当编制决算报告和财务报告。

决算报告的目标是向决算报告使用者提供与政府预算执行情况有关的信息,综合反映政府会计主体预算收支的年度执行结果,有助于决算报告使用者进行监督和管理,并为编制后续年度预算提供参考和依据。政府决算报告使用者包括各级人民代表大会及其常务委员会、各级政府及其有关部门、政府会计主体自身、社会公众和其他利益相关者。

财务报告的目标是向财务报告使用者提供与政府的财务状况、运行情况(含运行成本,下同)和现金流量等有关信息,反映政府会计主体公共受托责任履行情况,有助于财务报告使用者作出决策或者进行监督和管理。政府财务报告使用者包括各级人民代表大会常务委员会、债权人、各级政府及其有关部门、政府会计主体自身和其他利益相关者。

第12条 政府会计主体应当将发生的各项经济业务或者事项统一纳入会计核算,确保会计信息能够全面反映政府会计主体预算执行情况和财务状况、运行情况、现金流量等。

第13条 政府会计主体提供的会计信息,应当与反映政府会计主体公共受托责任履行情况以及报告使用者决策或者监督、管理的需要相关,有助于报告使用者对政府会计主体过去、现在或者未来的情况作出评价或者预测。

第16条 政府会计主体提供的会计信息应当清晰明了,便于报告使用者理解和使用。

6. 《会计基础工作规范》(2019年3月14日)

第64条 各单位必须按照国家统一会计制度的规定,定期编制财务报告。

财务报告包括会计报表及其说明。会计报表包括会计报表主表、会计报表附表、会计报表附注。

第65条　各单位对外报送的财务报告应当根据国家统一会计制度规定的格式和要求编制。

单位内部使用的财务报告，其格式和要求由各单位自行规定。

第66条　会计报表应当根据登记完整、核对无误的会计帐簿记录和其他有关资料编制，做到数字真实、计算准确、内容完整、说明清楚。

任何人不得篡改或者授意、指使、强令他人篡改会计报表的有关数字。

第67条　会计报表之间、会计报表各项目之间，凡有对应关系的数字，应当相互一致。本期会计报表与上期会计报表之间有关的数字应当相互衔接。如果不同会计年度会计报表中各项目的内容和核算方法有变更的，应当在年度会计报表中加以说明。

第68条　各单位应当按照国家统一会计制度的规定认真编写会计报表附注及其说明，做到项目齐全，内容完整。

第69条　各单位应当按照国家规定的期限对外报送财务报告。

对外报送的财务报告，应当依次编写页码，加具封面，装订成册，加盖公章。封面上应当注明：单位名称，单位地址，财务报告所属年度、季度、月度，送出日期，并由单位领导人、总会计师、会计机构负责人、会计主管人员签名或者盖章。

单位领导人对财务报告的合法性、真实性负法律责任。

第70条　根据法律和国家有关规定应当对财务报告进行审计的，财务报告编制单位应当先行委托注册会计师进行审计，并将注册会计师出具的审计报告随同财务报告按照规定的期限报送有关部门。

第71条　如果发现对外报送的财务报告有错误，应当及时办理更正手续。除更正本单位留存的财务报告外,并应同时通知接受财务报告的单位更正。错误较多的,应当重新编报。

7.《企业财务通则》(2006 年 12 月 4 日)

第 4 条　财政部负责制定企业财务规章制度。

各级财政部门(以下通称主管财政机关)应当加强对企业财务的指导、管理、监督,其主要职责包括:

(一)监督执行企业财务规章制度,按照财务关系指导企业建立健全内部财务制度。

(二)制定促进企业改革发展的财政财务政策,建立健全支持企业发展的财政资金管理制度。

(三)建立健全企业年度财务会计报告审计制度,检查企业财务会计报告质量。

(四)实施企业财务评价,监测企业财务运行状况。

(五)研究、拟订企业国有资本收益分配和国有资本经营预算的制度。

(六)参与审核属于本级人民政府及其有关部门、机构出资的企业重要改革、改制方案。

(七)根据企业财务管理的需要提供必要的帮助、服务。

第 13 条　经营者的财务管理职责主要包括:

(一)拟订企业内部财务管理制度、财务战略、财务规划,编制财务预算。

(二)组织实施企业筹资、投资、担保、捐赠、重组和利润分配等财务方案,诚信履行企业偿债义务。

(三)执行国家有关职工劳动报酬和劳动保护的规定,依法缴纳社会保险费、住房公积金等,保障职工合法权益。

(四)组织财务预测和财务分析,实施财务控制。

(五)编制并提供企业财务会计报告,如实反映财务信息和有关情况。

（六）配合有关机构依法进行审计、评估、财务监督等工作。

第 64 条　企业应当按照有关法律、行政法规和国家统一的会计制度的规定，按时编制财务会计报告，经营者或者投资者不得拖延、阻挠。

第 65 条　企业应当按照规定向主管财政机关报送月份、季度、年度财务会计报告等材料，不得在报送的财务会计报告等材料上作虚假记载或者隐瞒重要事实。主管财政机关应当根据企业的需要提供必要的培训和技术支持。

企业对外提供的年度财务会计报告，应当依法经过会计师事务所审计。国家另有规定的，从其规定。

第 66 条　企业应当在年度内定期向职工公开以下信息：

（一）职工劳动报酬、养老、医疗、工伤、住房、培训、休假等信息。

（二）经营者报酬实施方案。

（三）年度财务会计报告审计情况。

（四）企业重组涉及的资产评估及处置情况。

（五）其他依法应当公开的信息。

8.《企业会计准则——基本准则》（2014 年 7 月 23 日）

第 4 条　企业应当编制财务会计报告（又称财务报告，下同）。财务会计报告的目标是向财务会计报告使用者提供与企业财务状况、经营成果和现金流量等有关的会计信息，反映企业管理层受托责任履行情况，有助于财务会计报告使用者作出经济决策。

财务会计报告使用者包括投资者、债权人、政府及其有关部门和社会公众等。

第 15 条　企业提供的会计信息应当具有可比性。

同一企业不同时期发生的相同或者相似的交易或者事项，应当采用一致的会计政策，不得随意变更。确需变更的，应当在附注中说明。

不同企业发生的相同或者相似的交易或者事项，应当采用规定的会计政策，确保会计信息口径一致、相互可比。

第 44 条　财务会计报告是指企业对外提供的反映企业某一特定日期的财务状况和某一会计期间的经营成果、现金流量等会计信息的文件。

财务会计报告包括会计报表及其附注和其他应当在财务会计报告中披露的相关信息和资料。会计报表至少应当包括资产负债表、利润表、现金流量表等报表。

小企业编制的会计报表可以不包括现金流量表。

9.《企业会计制度》（2000 年 12 月 29 日）

第十三章　财务会计报告

第 151 条　企业应当按照《企业财务会计报告条例》的规定，编制和对外提供真实、完整的财务会计报告。

第 152 条　企业的财务会计报告分为年度、半年度、季度和月度财务会计报告。月度、季度财务会计报告是指月度和季度终了提供的财务会计报告；半年度财务会计报告是指在每个会计年度的前 6 个月结束后对外提供的财务会计报告；年度财务会计报告是指年度终了对外提供的财务会计报告。

本制度将半年度、季度和月度财务会计报告统称为中期财务会计报告。

第 153 条　企业的财务会计报告由会计报表、会计报表附注和财务情况说明书组成（不要求编制和提供财务情况说明书的企业除外）。企业对外提供的财务会计报告的内容、会计报表种类和格式、会计报表附注的主要内容等，由本制度规定；企业内部管理需要的会计报表由企业自行规定。

季度、月度中期财务会计报告通常仅指会计报表，国家统一的会计制度另有规定的除外。

半年度中期财务会计报告中的会计报表附注至少应当披露所有重大的事项，如转让子公司等。半年度中期财务会计报告报出前发生的资产负债表日后事项、或有事项等，除特别重大事项外，可不作调整或披露。

第154条　企业向外提供的会计报表包括：

（一）资产负债表；

（二）利润表；

（三）现金流量表；

（四）资产减值准备明细表；

（五）利润分配表；

（六）股东权益增减变动表；

（七）分部报表；

（八）其他有关附表。

第155条　会计报表附注至少应当包括下列内容：

（一）不符合会计核算基本前提的说明；

（二）重要会计政策和会计估计的说明；

（三）重要会计政策和会计估计变更的说明；

（四）或有事项和资产负债表日后事项的说明；

（五）关联方关系及其交易的披露；

（六）重要资产转让及其出售的说明；

（七）企业合并、分立的说明；

（八）会计报表中重要项目的明细资料；

（九）有助于理解和分析会计报表需要说明的其他事项。

第156条　财务情况说明书至少应当对下列情况作出说明：

（一）企业生产经营的基本情况；

（二）利润实现和分配情况；

（三）资金增减和周转情况；

（四）对企业财务状况、经营成果和现金流量有重大影响的其他事项。

第 157 条 月度中期财务会计报告应当于月度终了后 6 天内（节假日顺延，下同）对外提供；季度中期财务会计报告应当于季度终了后 15 天内对外提供；半年度中期财务会计报告应当于年度中期结束后 60 天内（相当于两个连续的月份）对外提供；年度财务会计报告应当于年度终了后 4 个月内对外提供。

会计报表的填列，以人民币"元"为金额单位，"元"以下填至"分"。

第 158 条 企业对其他单位投资如占该单位资本总额 50% 以上（不含 50%），或虽然占该单位注册资本总额不足 50% 但具有实质控制权的，应当编制合并会计报表。合并会计报表的编制原则和方法，按照国家统一的会计制度中有关合并会计报表的规定执行。

企业在编制合并会计报表时，应当将合营企业合并在内，并按照比例合并方法对合营企业的资产、负债、收入、费用、利润等予以合并。

第 159 条 企业对外提供的会计报表应当依次编定页数，加具封面，装订成册，加盖公章。封面上应当注明：企业名称、企业统一代码、组织形式、地址、报表所属年度或者月份、报出日期，并由企业负责人和主管会计工作的负责人、会计机构负责人（会计主管人员）签名并盖章；又设置总会计师的企业，还应当由总会计师签名并盖章。

10.《事业单位财务规则》（2022 年 1 月 7 日）

第十章 财务报告和决算报告

第 55 条 事业单位应当按国家有关规定向主管部门和财政部门以及其他有关的报告使用者提供财务报告、决算报告。

事业单位财务会计和预算会计要素的确认、计量、记录、报告应当遵循政府会计准则制度的规定。

第56条 财务报告主要以权责发生制为基础编制,综合反映事业单位特定日期财务状况和一定时期运行情况等信息。

第57条 财务报告由财务报表和财务分析两部分组成。财务报表主要包括资产负债表、收入费用表等会计报表和报表附注。财务分析的内容主要包括财务状况分析、运行情况分析和财务管理情况等。

第58条 决算报告主要以收付实现制为基础编制,综合反映事业单位年度预算收支执行结果等信息。

第59条 决算报告由决算报表和决算分析两部分组成。决算报表主要包括收入支出表、财政拨款收入支出表等。决算分析的内容主要包括收支预算执行分析、资金使用效益分析和机构人员情况等。

11.《政府会计制度——行政事业单位会计科目和报表》（2017年10月24日 财会〔2017〕25号）

第四部分 报表格式（节选）

编号	报表名称	编制期
财务报表		
会政财01表	资产负债表	月度、年度
会政财02表	收入费用表	月度、年度
会政财03表	净资产变动表	年度
会政财04表	现金流量表	年度
	附注	年度
预算会计报表		
会政预01表	预算收入支出表	年度
会政预02表	预算结转结余变动表	年度
会政预03表	财政拨款预算收入支出表	年度

预算收入支出表

会政预 01 表

编制单位：_____ _____年　　　　　　　　　　　单位：元

项　目	本年数	上年数
一、本年预算收入		
（一）财政拨款预算收入		
其中：政府性基金收入		
（二）事业预算收入		
（三）上级补助预算收入		
（四）附属单位上缴预算收入		
（五）经营预算收入		
（六）债务预算收入		
（七）非同级财政拨款预算收入		
（八）投资预算收益		
（九）其他预算收入		
其中：利息预算收入		
捐赠预算收入		
租金预算收入		
二、本年预算支出		
（一）行政支出		
（二）事业支出		
（三）经营支出		
（四）上缴上级支出		
（五）对附属单位补助支出		
（六）投资支出		
（七）债务还本支出		
（八）其他支出		
其中：利息支出		
捐赠支出		
三、本年预算收支差额		

第五部分　报表编制说明（节选）

一、资产负债表编制说明

（一）本表反映单位在某一特定日期全部资产、负债和净资产的情况。

（二）本表"年初余额"栏内各项数字，应当根据上年年末资产负债表"期末余额"栏内数字填列。

如果本年度资产负债表规定的项目的名称和内容同上年度不一致，应当对上年年末资产负债表项目的名称和数字按照本年度的规定进行调整，将调整后数字填入本表"年初余额"栏内。

如果本年度单位发生了因前期差错更正、会计政策变更等调整以前年度盈余的事项，还应当对"年初余额"栏内的有关项目金额进行相应调整。

（三）本表中"资产总计"项目期末（年初）余额应当与"负债和净资产总计"项目期末（年初）余额相等。

12.《行政单位财务规则》（2023年1月28日）

第九章　财务报告和决算报告

第52条　行政单位应当按照国家有关规定向主管预算单位和财政部门以及其他有关的报告使用者提供财务报告、决算报告。

行政单位财务会计和预算会计要素的确认、计量、记录、报告应当遵循政府会计准则制度的规定。

第53条　财务报告主要以权责发生制为基础编制，以财务会计核算生成的数据为准，综合反映行政单位特定日期财务状况和一定时期运行情况等信息。

第54条　财务报告由财务报表和财务分析两部分组成。财务报表主要包括资产负债表、收入费用表等会计报表和报表附注。财务分析的内容主要包括财务状况分析、运行情况分析和财务管理情况等。

第55条　决算报告主要以收付实现制为基础编制，以预算会计核算生成的数据为准，综合反映行政单位年度预算收支执行结果等信息。

第 56 条 决算报告由决算报表和决算分析两部分组成。决算报表主要包括收入支出表、财政拨款收入支出表等。决算分析的内容主要包括收支预算执行分析、资金使用效益分析和机构人员情况等。

第二十一条 财务会计报告签章

财务会计报告应当由单位负责人和主管会计工作的负责人、会计机构负责人（会计主管人员）签名并盖章；设置总会计师的单位，还须由总会计师签名并盖章。

单位负责人应当保证财务会计报告真实、完整。

● 法 律

1. 《注册会计师法》（2014 年 8 月 31 日）

第 14 条 注册会计师承办下列审计业务：

（一）审查企业会计报表，出具审计报告；

（二）验证企业资本，出具验资报告；

（三）办理企业合并、分立、清算事宜中的审计业务，出具有关的报告；

（四）法律、行政法规规定的其他审计业务。

注册会计师依法执行审计业务出具的报告，具有证明效力。

● 行政法规及文件

2. 《企业财务会计报告条例》（2000 年 6 月 21 日）

第 31 条 企业对外提供的财务会计报告应当依次编定页数，加具封面，装订成册，加盖公章。封面上应当注明：企业名称、企业统一代码、组织形式、地址、报表所属年度或者月份、报出日期，并由企业负责人和主管会计工作的负责人、会计机构负责人（会计主管人员）签名并盖章；设置总会计师的企业，还应当由总会计师签名并盖章。

● 部门规章及文件

3.《会计基础工作规范》（2019 年 3 月 14 日）

第 69 条 各单位应当按照国家规定的期限对外报送财务报告。

对外报送的财务报告，应当依次编写页码，加具封面，装订成册，加盖公章。封面上应当注明：单位名称，单位地址，财务报告所属年度、季度、月度，送出日期，并由单位领导人、总会计师、会计机构负责人、会计主管人员签名或者盖章。

单位领导人对财务报告的合法性、真实性负法律责任。

4.《企业会计制度》（2000 年 12 月 29 日）

第 159 条 企业对外提供的会计报表应当依次编定页数，加具封面，装订成册，加盖公章。封面上应当注明：企业名称、企业统一代码、组织形式、地址、报表所属年度或者月份、报出日期，并由企业负责人和主管会计工作的负责人、会计机构负责人（会计主管人员）签名并盖章；设置总会计师的企业，还应当由总会计师签名并盖章。

5.《代理记账管理办法》（2019 年 3 月 14 日）

第 15 条 代理记账机构为委托人编制的财务会计报告，经代理记账机构负责人和委托人负责人签名并盖章后，按照有关法律、法规和国家统一的会计制度的规定对外提供。

● 案例指引

某公司 1 等与李某民间借贷纠纷案［（2024）京 01 民终 3129 号］[①]

裁判摘要：证据中的三份审计报告所依据的《资产负债表》《利润表》《现金流量表》《所有者权益变动表》等财务报表未有

---

① 本案例选自中国裁判文书网，最后访问时间：2024 年 7 月 2 日。

法定代表人、主管会计工作的负责人以及会计机构负责人签名，不符合会计法第二十一条规定的"财务会计报告应当由单位负责人和主管会计工作的负责人、会计机构负责人（会计主管人员）签名并盖章"，因此该三份审计报告的内容从形式上便欠缺合法合规性，难以确认其真实性。

第二十二条　会计记录文字

会计记录的文字应当使用中文。在民族自治地方，会计记录可以同时使用当地通用的一种民族文字。在中华人民共和国境内的外商投资企业、外国企业和其他外国组织的会计记录可以同时使用一种外国文字。

● 宪　法

1.《**宪法**》（2018年3月11日）

第4条　中华人民共和国各民族一律平等。国家保障各少数民族的合法的权利和利益，维护和发展各民族的平等团结互助和谐关系。禁止对任何民族的歧视和压迫，禁止破坏民族团结和制造民族分裂的行为。

国家根据各少数民族的特点和需要，帮助各少数民族地区加速经济和文化的发展。

各少数民族聚居的地方实行区域自治，设立自治机关，行使自治权。各民族自治地方都是中华人民共和国不可分离的部分。

各民族都有使用和发展自己的语言文字的自由，都有保持或者改革自己的风俗习惯的自由。

● 法　律

2.《**国家通用语言文字法**》（2000年10月31日）

第1条　为推动国家通用语言文字的规范化、标准化及其健康发展，使国家通用语言文字在社会生活中更好地发挥作用，促进各民族、各地区经济文化交流，根据宪法，制定本法。

第2条　本法所称的国家通用语言文字是普通话和规范汉字。

第3条　国家推广普通话，推行规范汉字。

第8条　各民族都有使用和发展自己的语言文字的自由。少数民族语言文字的使用依据宪法、民族区域自治法及其他法律的有关规定。

第9条　国家机关以普通话和规范汉字为公务用语用字。法律另有规定的除外。

● 行政法规及文件

3.《税收征收管理法实施细则》（2016年2月6日）

第27条　账簿、会计凭证和报表，应当使用中文。民族自治地方可以同时使用当地通用的一种民族文字。外商投资企业和外国企业可以同时使用一种外国文字。

● 部门规章及文件

4.《会计基础工作规范》（2019年3月14日）

第46条　会计记录的文字应当使用中文，少数民族自治地区可以同时使用少数民族文字。中国境内的外商投资企业、外国企业和其他外国经济组织也可以同时使用某种外国文字。

5.《企业会计制度》（2000年12月29日）

第10条　会计记录的文字应当使用中文。在民族自治地方，会计记录可以同时使用当地通用的一种民族文字。在中华人民共和国境内的外商投资企业、外国企业和其他外国组织的会计记录可以同时使用一种外国文字。

6.《财政总会计制度》（2022年11月18日）

第13条　总会计的会计记录应当使用中文，少数民族地区可以同时使用本民族文字。

7. 《民间非营利组织会计制度》（2004 年 8 月 18 日）

第 10 条　会计记录的文字应当使用中文。在民族自治地区，会计记录可以同时使用当地通用的一种民族文字。境外民间非营利组织在中华人民共和国境内依法设立的代表处、办事处等机构，也可以同时使用一种外国文字记账。

> **第二十三条　会计档案的保管**
>
> 　　各单位对会计凭证、会计账簿、财务会计报告和其他会计资料应当建立档案，妥善保管。会计档案的保管期限、销毁、安全保护等具体管理办法，由国务院财政部门会同有关部门制定。

● 法　律

1. 《公司法》（2023 年 12 月 29 日）

第 138 条　上市公司设董事会秘书，负责公司股东会和董事会会议的筹备、文件保管以及公司股东资料的管理，办理信息披露事务等事宜。

● 行政法规及文件

2. 《企业财务会计报告条例》（2000 年 6 月 21 日）

第 41 条　授意、指使、强令会计机构、会计人员及其他人员编制、对外提供虚假的或者隐瞒重要事实的财务会计报告，或者隐匿、故意销毁依法应当保存的财务会计报告，构成犯罪的，依法追究刑事责任；尚不构成犯罪的，可以处 5000 元以上 5 万元以下的罚款；属于国家工作人员的，并依法给予降级、撤职、开除的行政处分或者纪律处分。

● 部门规章及文件

3.《会计档案管理办法》(2015年12月11日)

第1条 为了加强会计档案管理,有效保护和利用会计档案,根据《中华人民共和国会计法》《中华人民共和国档案法》等有关法律和行政法规,制定本办法。

第2条 国家机关、社会团体、企业、事业单位和其他组织(以下统称单位)管理会计档案适用本办法。

第3条 本办法所称会计档案是指单位在进行会计核算等过程中接收或形成的,记录和反映单位经济业务事项的,具有保存价值的文字、图表等各种形式的会计资料,包括通过计算机等电子设备形成、传输和存储的电子会计档案。

第4条 财政部和国家档案局主管全国会计档案工作,共同制定全国统一的会计档案工作制度,对全国会计档案工作实行监督和指导。

县级以上地方人民政府财政部门和档案行政管理部门管理本行政区域内的会计档案工作,并对本行政区域内会计档案工作实行监督和指导。

第5条 单位应当加强会计档案管理工作,建立和完善会计档案的收集、整理、保管、利用和鉴定销毁等管理制度,采取可靠的安全防护技术和措施,保证会计档案的真实、完整、可用、安全。

单位的档案机构或者档案工作人员所属机构(以下统称单位档案管理机构)负责管理本单位的会计档案。单位也可以委托具备档案管理条件的机构代为管理会计档案。

第6条 下列会计资料应当进行归档:

(一)会计凭证,包括原始凭证、记账凭证;

(二)会计账簿,包括总账、明细账、日记账、固定资产卡片及其他辅助性账簿;

（三）财务会计报告，包括月度、季度、半年度、年度财务会计报告；

（四）其他会计资料，包括银行存款余额调节表、银行对账单、纳税申报表、会计档案移交清册、会计档案保管清册、会计档案销毁清册、会计档案鉴定意见书及其他具有保存价值的会计资料。

第7条　单位可以利用计算机、网络通信等信息技术手段管理会计档案。

第8条　同时满足下列条件的，单位内部形成的属于归档范围的电子会计资料可仅以电子形式保存，形成电子会计档案：

（一）形成的电子会计资料来源真实有效，由计算机等电子设备形成和传输；

（二）使用的会计核算系统能够准确、完整、有效接收和读取电子会计资料，能够输出符合国家标准归档格式的会计凭证、会计账簿、财务会计报表等会计资料，设定了经办、审核、审批等必要的审签程序；

（三）使用的电子档案管理系统能够有效接收、管理、利用电子会计档案，符合电子档案的长期保管要求，并建立了电子会计档案与相关联的其他纸质会计档案的检索关系；

（四）采取有效措施，防止电子会计档案被篡改；

（五）建立电子会计档案备份制度，能够有效防范自然灾害、意外事故和人为破坏的影响；

（六）形成的电子会计资料不属于具有永久保存价值或者其他重要保存价值的会计档案。

第9条　满足本办法第八条规定条件，单位从外部接收的电子会计资料附有符合《中华人民共和国电子签名法》规定的电子签名的，可仅以电子形式归档保存，形成电子会计档案。

第10条　单位的会计机构或会计人员所属机构（以下统称

单位会计管理机构）按照归档范围和归档要求，负责定期将应当归档的会计资料整理立卷，编制会计档案保管清册。

第 11 条　当年形成的会计档案，在会计年度终了后，可由单位会计管理机构临时保管一年，再移交单位档案管理机构保管。因工作需要确需推迟移交的，应当经单位档案管理机构同意。

单位会计管理机构临时保管会计档案最长不超过三年。临时保管期间，会计档案的保管应当符合国家档案管理的有关规定，且出纳人员不得兼管会计档案。

第 12 条　单位会计管理机构在办理会计档案移交时，应当编制会计档案移交清册，并按照国家档案管理的有关规定办理移交手续。

纸质会计档案移交时应当保持原卷的封装。电子会计档案移交时应当将电子会计档案及其元数据一并移交，且文件格式应当符合国家档案管理的有关规定。特殊格式的电子会计档案应当与其读取平台一并移交。

单位档案管理机构接收电子会计档案时，应当对电子会计档案的准确性、完整性、可用性、安全性进行检测，符合要求的才能接收。

第 13 条　单位应当严格按照相关制度利用会计档案，在进行会计档案查阅、复制、借出时履行登记手续，严禁篡改和损坏。

单位保存的会计档案一般不得对外借出。确因工作需要且根据国家有关规定必须借出的，应当严格按照规定办理相关手续。

会计档案借用单位应当妥善保管和利用借入的会计档案，确保借入会计档案的安全完整，并在规定时间内归还。

第 14 条　会计档案的保管期限分为永久、定期两类。定期保管期限一般分为 10 年和 30 年。

会计档案的保管期限，从会计年度终了后的第一天算起。

第15条　各类会计档案的保管期限原则上应当按照本办法附表执行，本办法规定的会计档案保管期限为最低保管期限。

单位会计档案的具体名称如有同本办法附表所列档案名称不相符的，应当比照类似档案的保管期限办理。

第16条　单位应当定期对已到保管期限的会计档案进行鉴定，并形成会计档案鉴定意见书。经鉴定，仍需继续保存的会计档案，应当重新划定保管期限；对保管期满，确无保存价值的会计档案，可以销毁。

第17条　会计档案鉴定工作应当由单位档案管理机构牵头，组织单位会计、审计、纪检监察等机构或人员共同进行。

第18条　经鉴定可以销毁的会计档案，应当按照以下程序销毁：

（一）单位档案管理机构编制会计档案销毁清册，列明拟销毁会计档案的名称、卷号、册数、起止年度、档案编号、应保管期限、已保管期限和销毁时间等内容。

（二）单位负责人、档案管理机构负责人、会计管理机构负责人、档案管理机构经办人、会计管理机构经办人在会计档案销毁清册上签署意见。

（三）单位档案管理机构负责组织会计档案销毁工作，并与会计管理机构共同派员监销。监销人在会计档案销毁前，应当按照会计档案销毁清册所列内容进行清点核对；在会计档案销毁后，应当在会计档案销毁清册上签名或盖章。

电子会计档案的销毁还应当符合国家有关电子档案的规定，并由单位档案管理机构、会计管理机构和信息系统管理机构共同派员监销。

第19条　保管期满但未结清的债权债务会计凭证和涉及其他未了事项的会计凭证不得销毁，纸质会计档案应当单独抽出立卷，电子会计档案单独转存，保管到未了事项完结时为止。

单独抽出立卷或转存的会计档案，应当在会计档案鉴定意见书、会计档案销毁清册和会计档案保管清册中列明。

第20条　单位因撤销、解散、破产或其他原因而终止的，在终止或办理注销登记手续之前形成的会计档案，按照国家档案管理的有关规定处置。

第21条　单位分立后原单位存续的，其会计档案应当由分立后的存续方统一保管，其他方可以查阅、复制与其业务相关的会计档案。

单位分立后原单位解散的，其会计档案应当经各方协商后由其中一方代管或按照国家档案管理的有关规定处置，各方可以查阅、复制与其业务相关的会计档案。

单位分立中未结清的会计事项所涉及的会计凭证，应当单独抽出由业务相关方保存，并按照规定办理交接手续。

单位因业务移交其他单位办理所涉及的会计档案，应当由原单位保管，承接业务单位可以查阅、复制与其业务相关的会计档案。对其中未结清的会计事项所涉及的会计凭证，应当单独抽出由承接业务单位保存，并按照规定办理交接手续。

第22条　单位合并后原各单位解散或者一方存续其他方解散的，原各单位的会计档案应当由合并后的单位统一保管。单位合并后原各单位仍存续的，其会计档案仍应当由原各单位保管。

第23条　建设单位在项目建设期间形成的会计档案，需要移交给建设项目接受单位的，应当在办理竣工财务决算后及时移交，并按照规定办理交接手续。

第24条　单位之间交接会计档案时，交接双方应当办理会计档案交接手续。

移交会计档案的单位，应当编制会计档案移交清册，列明应当移交的会计档案名称、卷号、册数、起止年度、档案编号、应保管期限和已保管期限等内容。

交接会计档案时，交接双方应当按照会计档案移交清册所列内容逐项交接，并由交接双方的单位有关负责人负责监督。交接完毕后，交接双方经办人和监督人应当在会计档案移交清册上签名或盖章。

电子会计档案应当与其元数据一并移交，特殊格式的电子会计档案应当与其读取平台一并移交。档案接受单位应当对保存电子会计档案的载体及其技术环境进行检验，确保所接收电子会计档案的准确、完整、可用和安全。

第 25 条　单位的会计档案及其复制件需要携带、寄运或者传输至境外的，应当按照国家有关规定执行。

第 26 条　单位委托中介机构代理记账的，应当在签订的书面委托合同中，明确会计档案的管理要求及相应责任。

第 27 条　违反本办法规定的单位和个人，由县级以上人民政府财政部门、档案行政管理部门依据《中华人民共和国会计法》《中华人民共和国档案法》等法律法规处理处罚。

第 28 条　预算、计划、制度等文件材料，应当执行文书档案管理规定，不适用本办法。

第 29 条　不具备设立档案机构或配备档案工作人员条件的单位和依法建账的个体工商户，其会计档案的收集、整理、保管、利用和鉴定销毁等参照本办法执行。

第 30 条　各省、自治区、直辖市、计划单列市人民政府财政部门、档案行政管理部门，新疆生产建设兵团财务局、档案局，国务院各业务主管部门，中国人民解放军总后勤部，可以根据本办法制定具体实施办法。

第 31 条　本办法由财政部、国家档案局负责解释，自 2016 年 1 月 1 日起施行。1998 年 8 月 21 日财政部、国家档案局发布的《会计档案管理办法》(财会字〔1998〕32号)同时废止。

4.《环境保护档案管理办法》(2021年12月13日)

第2条 本办法所称环境保护档案,是指各级环境保护主管部门及其派出机构、直属单位(以下简称环境保护部门),在环境保护各项工作和活动中形成的,对国家、社会和单位具有利用价值、应当归档保存的各种形式和载体的历史记录,主要包括文书档案、音像(照片、录音、录像)档案、科技档案、会计档案、人事档案、基建档案及电子档案等。

第20条 环境保护档案的分类、著录、标引,依照《中国档案分类法 环境保护档案分类表》《环境保护档案著录细则》《环境保护档案管理规范》等文件的有关规定执行,其相应的电子文件材料应当按照有关要求同步归档。

文书材料的整理归档,依照《归档文件整理规则》(DA/T 22-2015)的有关规定执行。

照片资料的整理归档,依照《照片档案管理规范》(GB/T 11821-2002)的有关规定执行。

录音、录像资料的整理归档,依照录音、录像管理的有关规定执行。

科技文件的整理归档,依照《科学技术档案案卷构成的一般要求》(GB/T 11822-2008)的有关规定执行。

会计资料的整理归档,依照《会计档案管理办法》(财政部、国家档案局令第79号)的有关规定执行。

人事文件材料的整理归档,依照《干部档案工作条例》(组通字〔1991〕13号)、《干部档案整理工作细则》(组通字〔1991〕11号)、《干部人事档案材料收集归档规定》(中组发〔2009〕12号)等文件的有关规定执行。

电子文件的整理归档,依照《电子文件归档与电子档案管理规范》(GB/T 18894-2016)、《CAD电子文件光盘存储、归档与档案管理要求》（GB/T 17678.1-1999）等文件的有关规定执行。重要电子文件应当与纸质文件材料一并归档。

5.《乡镇档案工作办法》（2021年9月22日）

第19条 乡镇应当根据本办法编制本乡镇文件材料归档范围和档案保管期限表，报县级档案主管部门审核同意后执行。机构或职能发生重大变化时应当及时修订并重新报审。

第20条 归档的文件材料按照有关规章、标准区分类型，分别整理：

（一）文书类按照《归档文件整理规则》（DA/T 22）、《文书档案案卷格式》（GB/T 9705）进行整理；

（二）科技类按照《科学技术档案案卷构成的一般要求》（GB/T 11822）、《建设项目档案管理规范》（DA/T 28）进行整理；

（三）会计类按照《会计档案管理办法》（财政部国家档案局令第79号）、《会计档案案卷格式》（DA/T 39）进行整理；

（四）声像类按照《照片档案管理规范》（GB/T 11821）、《数码照片归档与管理规范》（DA/T 50）、《录音录像档案管理规范》（DA/T 78）进行整理；

（五）实物类按照实物类别或保管期限，以件为单位进行整理。

乡镇在专项工作中形成的文件材料，按照相关规定要求进行整理。

电子文件按照《党政机关电子公文归档规范》（GB/T 39362）、《政务服务事项电子文件归档规范》（DA/T 85）、《电子文件归档与电子档案管理规范》（GB/T 18894）进行整理。

6.《财政票据管理办法》（2020年12月3日）

第33条 财政票据使用单位和付款单位应当准确、完整、有效接收和读取财政电子票据，并按照会计信息化和会计档案等有关管理要求归档入账。

7.《非金融机构支付服务管理办法》（2020年4月29日）

第34条 支付机构应当按规定妥善保管客户身份基本信息、支付业务信息、会计档案等资料。

8.《新型农业经营主体和服务主体高质量发展规划》（2020年3月3日）

第四章 促进农民合作社规范提升

一、提升农民合作社规范化水平

指导农民合作社制定符合自身特点的章程，加强档案管理，实行社务公开。依法建立健全成员（代表）大会、理事会、监事会等组织机构。执行财务会计制度，设置会计账簿，建立会计档案，规范会计核算，公开财务报告。依法建立成员账户，加强内部审计监督。按照法律和章程制定盈余分配方案，可分配盈余主要按照成员与农民合作社的交易量（额）比例返还。（部合作经济司负责）

……

9.《电子商业汇票系统管理办法》（2018年6月4日）

第71条 电子商业汇票系统运行文档应当比照同类会计档案确定保存期限。

第72条 废弃或过期的电子商业汇票系统运行文档应当比照会计档案管理办法进行销毁处理。

10.《村级档案管理办法》（2017年11月23日）

第8条 村级档案一般包括文书、基建项目、设施设备、会计、音像、实物等类别。各类文件材料整理方法和归档时间如下：

（一）文书类应当按照《文书档案案卷格式》（GB/T 9705-2008）或者《归档文件整理规则》（DA/T 22-2015）的要求进行

整理，于次年上半年归档。

（二）基建项目类应当按照《科学技术档案案卷构成的一般要求》（GB/T 11822-2008），并参照《国家重大建设项目文件材料归档要求与档案整理规范》（DA/T 28-2002）的有关规定及时整理归档。

（三）设施设备类应当在开箱验收后即时归档，使用维修记录等按照《科学技术档案案卷构成的一般要求》进行收集管理。

（四）会计类应当按照《会计档案管理办法》（财政部 国家档案局令第79号）的要求进行收集整理，在会计年度终了后于次年3月底之前归档。

（五）照片应当按照《照片档案管理规范》（GB/T 11821-2002）、《数码照片归档与管理规范》（DA/T 50-2014）整理，由拍摄者在拍摄后1个月内将照片原图连同文字说明一并归档。

（六）电子文件应当按照《电子文件归档与电子档案管理规范》（GB/T 18894-2016）收集归档并管理。

（七）实物和其他门类按照档案工作有关规定及时归档。

第9条 档案制成材料和装订材料应当符合档案保护的要求。

第10条 档案库房应当采取防火、防盗、防水（潮）、防光、防尘、防磁、防高温、防有害生物等措施。

档案管理人员应当定期检查档案的保管状况，确保档案安全。对音像档案和电子档案，要定期检查信息记录的安全性，确保档案可读可用。

11.《建设部社会团体管理办法》（2000年7月14日）

第50条 凡具备条件的社团，都应根据会计业务的需要设置会计机构。尚不具备单独设置会计机构条件的，应配备专职会计工作人员。

1. 财会人员上岗须持有会计证、电算化证。工作调动必须按

《会计法》的有关规定办理移交手续。

2. 财务出纳人员不得兼管稽核、会计档案保管和收入、费用、债权债务帐目的登记工作。

3. 会计核算要以人民币为记帐本位币。收支业务以外国货币为主的单位，也可选定某种外国货币为记帐本位币，但编制的报表应当折算为人民币反映。

4. 按照《会计法》和事业单位财务、会计制度的规定，建立健全会计帐目，进行会计核算，即设置总帐、明细账、日记账和其他辅助帐簿（支票领用登记簿等）。并按规定启用、登记、结帐，不得伪造、变更会计凭证和会计帐簿，不得设置帐外帐，不得报送虚假的会计报表。要及时提供合法、真实、准确、完整的会计信息。

5. 社团财务要根据审核无误的原始凭证填制记帐凭证，登记帐簿要及时，结帐要规范。

第二十四条　会计核算中的禁止性行为

各单位进行会计核算不得有下列行为：

（一）随意改变资产、负债、净资产（所有者权益）的确认标准或者计量方法，虚列、多列、不列或者少列资产、负债、净资产（所有者权益）；

（二）虚列或者隐瞒收入，推迟或者提前确认收入；

（三）随意改变费用、成本的确认标准或者计量方法，虚列、多列、不列或者少列费用、成本；

（四）随意调整利润的计算、分配方法，编造虚假利润或者隐瞒利润；

（五）违反国家统一的会计制度规定的其他行为。

● 法　律

1.《刑法》(2023 年 12 月 29 日)

第 162 条之一　隐匿或者故意销毁依法应当保存的会计凭证、会计帐簿、财务会计报告,情节严重的,处五年以下有期徒刑或者拘役,并处或者单处二万元以上二十万元以下罚金。

单位犯前款罪的,对单位判处罚金,并对其直接负责的主管人员和其他直接责任人员,依照前款的规定处罚。

第 162 条之二　公司、企业通过隐匿财产、承担虚构的债务或者以其他方法转移、处分财产,实施虚假破产,严重损害债权人或者其他人利益的,对其直接负责的主管人员和其他直接责任人员,处五年以下有期徒刑或者拘役,并处或者单处二万元以上二十万元以下罚金。

第 229 条　承担资产评估、验资、验证、会计、审计、法律服务、保荐、安全评价、环境影响评价、环境监测等职责的中介组织的人员故意提供虚假证明文件,情节严重的,处五年以下有期徒刑或者拘役,并处罚金;有下列情形之一的,处五年以上十年以下有期徒刑,并处罚金:

(一)提供与证券发行相关的虚假的资产评估、会计、审计、法律服务、保荐等证明文件,情节特别严重的;

(二)提供与重大资产交易相关的虚假的资产评估、会计、审计等证明文件,情节特别严重的;

(三)在涉及公共安全的重大工程、项目中提供虚假的安全评价、环境影响评价等证明文件,致使公共财产、国家和人民利益遭受特别重大损失的。

有前款行为,同时索取他人财物或者非法收受他人财物构成犯罪的,依照处罚较重的规定定罪处罚。

第一款规定的人员,严重不负责任,出具的证明文件有重大失实,造成严重后果的,处三年以下有期徒刑或者拘役,并处或者单处罚金。

2.《审计法》（2021年10月23日）

第38条　审计机关进行审计时，被审计单位不得转移、隐匿、篡改、毁弃财务、会计资料以及与财政收支、财务收支有关的业务、管理等资料，不得转移、隐匿、故意毁损所持有的违反国家规定取得的资产。

审计机关对被审计单位违反前款规定的行为，有权予以制止；必要时，经县级以上人民政府审计机关负责人批准，有权封存有关资料和违反国家规定取得的资产；对其中在金融机构的有关存款需要予以冻结的，应当向人民法院提出申请。

审计机关对被审计单位正在进行的违反国家规定的财政收支、财务收支行为，有权予以制止；制止无效的，经县级以上人民政府审计机关负责人批准，通知财政部门和有关主管机关、单位暂停拨付与违反国家规定的财政收支、财务收支行为直接有关的款项，已经拨付的，暂停使用。

审计机关采取前两款规定的措施不得影响被审计单位合法的业务活动和生产经营活动。

第47条　被审计单位违反本法规定，拒绝、拖延提供与审计事项有关的资料的，或者提供的资料不真实、不完整的，或者拒绝、阻碍检查、调查、核实有关情况的，由审计机关责令改正，可以通报批评，给予警告；拒不改正的，依法追究法律责任。

第48条　被审计单位违反本法规定，转移、隐匿、篡改、毁弃财务、会计资料以及与财政收支、财务收支有关的业务、管理等资料，或者转移、隐匿、故意毁损所持有的违反国家规定取得的资产，审计机关认为对直接负责的主管人员和其他直接责任人员依法应当给予处分的，应当向被审计单位提出处理建议，或者移送监察机关和有关主管机关、单位处理，有关机关、单位应当将处理结果书面告知审计机关；构成犯罪的，依法追究刑事责任。

3. **《公司法》**（2023年12月29日）

第216条 公司应当向聘用的会计师事务所提供真实、完整的会计凭证、会计账簿、财务会计报告及其他会计资料，不得拒绝、隐匿、谎报。

第217条 公司除法定的会计账簿外，不得另立会计账簿。

对公司资金，不得以任何个人名义开立账户存储。

4. **《注册会计师法》**（2014年8月31日）

第20条 注册会计师执行审计业务，遇有下列情形之一的，应当拒绝出具有关报告：

（一）委托人示意其作不实或者不当证明的；

（二）委托人故意不提供有关会计资料和文件的；

（三）因委托人有其他不合理要求，致使注册会计师出具的报告不能对财务会计的重要事项作出正确表述的。

● 行政法规及文件

5. **《企业财务会计报告条例》**（2000年6月21日）

第17条 企业编制财务会计报告，应当根据真实的交易、事项以及完整、准确的账簿记录等资料，并按照国家统一的会计制度规定的编制基础、编制依据、编制原则和方法。

企业不得违反本条例和国家统一的会计制度规定，随意改变财务会计报告的编制基础、编制依据、编制原则和方法。

任何组织或者个人不得授意、指使、强令企业违反本条例和国家统一的会计制度规定，改变财务会计报告的编制基础、编制依据、编制原则和方法。

第21条 企业在编制财务会计报告前，除应当全面清查资产、核实债务外，还应当完成下列工作：

（一）核对各会计账簿记录与会计凭证的内容、金额等是否一致，记账方向是否相符；

（二）依照本条例规定的结账日进行结账，结出有关会计账簿的余额和发生额，并核对各会计账簿之间的余额；

（三）检查相关的会计核算是否按照国家统一的会计制度的规定进行；

（四）对于国家统一的会计制度没有规定统一核算方法的交易、事项，检查其是否按照会计核算的一般原则进行确认和计量以及相关账务处理是否合理；

（五）检查是否存在因会计差错、会计政策变更等原因需要调整前期或者本期相关项目。

在前款规定工作中发现问题的，应当按照国家统一的会计制度的规定进行处理。

第36条 企业依照本条例规定向有关各方提供的财务会计报告，其编制基础、编制依据、编制原则和方法应当一致，不得提供编制基础、编制依据、编制原则和方法不同的财务会计报告。

第39条 违反本条例规定，有下列行为之一的，由县级以上人民政府财政部门责令限期改正，对企业可以处3000元以上5万元以下的罚款；对直接负责的主管人员和其他直接责任人员，可以处2000元以上2万元以下的罚款；属于国家工作人员的，并依法给予行政处分或者纪律处分：

（一）随意改变会计要素的确认和计量标准的；

（二）随意改变财务会计报告的编制基础、编制依据、编制原则和方法的；

（三）提前或者延迟结账日结账的；

（四）在编制年度财务会计报告前，未按照本条例规定全面清查资产、核实债务的；

（五）拒绝财政部门和其他有关部门对财务会计报告依法进行的监督检查，或者不如实提供有关情况的。

会计人员有前款所列行为之一，情节严重的，由县级以上人民政府财政部门吊销会计从业资格证书。

第40条　企业编制、对外提供虚假的或者隐瞒重要事实的财务会计报告，构成犯罪的，依法追究刑事责任。

有前款行为，尚不构成犯罪的，由县级以上人民政府财政部门予以通报，对企业可以处5000元以上10万元以下的罚款；对直接负责的主管人员和其他直接责任人员，可以处3000元以上5万元以下的罚款；属于国家工作人员的，并依法给予撤职直至开除的行政处分或者纪律处分；对其中的会计人员，情节严重的，并由县级以上人民政府财政部门吊销会计从业资格证书。

第41条　授意、指使、强令会计机构、会计人员及其他人员编制、对外提供虚假的或者隐瞒重要事实的财务会计报告，或者隐匿、故意销毁依法应当保存的财务会计报告，构成犯罪的，依法追究刑事责任；尚不构成犯罪的，可以处5000元以上5万元以下的罚款；属于国家工作人员的，并依法给予降级、撤职、开除的行政处分或者纪律处分。

第42条　违反本条例的规定，要求企业向其提供部分或者全部财务会计报告及其有关数据的，由县级以上人民政府责令改正。

第43条　违反本条例规定，同时违反其他法律、行政法规规定的，由有关部门在各自的职权范围内依法给予处罚。

● 部门规章及文件

6.《企业会计准则——基本准则》（2014年7月23日）

第9条　企业应当以权责发生制为基础进行会计确认、计量和报告。

7. 《政府会计准则——基本准则》（2015 年 10 月 23 日）

第 3 条　政府会计由预算会计和财务会计构成。

预算会计实行收付实现制，国务院另有规定的，依照其规定。

财务会计实行权责发生制。

第 56 条　政府决算报告的编制主要以收付实现制为基础，以预算会计核算生成的数据为准。

政府财务报告的编制主要以权责发生制为基础，以财务会计核算生成的数据为准。

8. 《道路交通事故社会救助基金会计核算办法》（2022 年 6 月 16 日）

第一部分　总说明

……

九、救助基金的会计核算应当遵循下列基本原则：

（一）救助基金的会计核算应当以实际发生的经济业务为依据，如实反映救助基金的财务状况和收支情况等信息，保证会计信息真实可靠、内容完整。

（二）救助基金的会计核算应当采用规定的会计政策，确保会计信息口径一致、相互可比。

（三）救助基金的会计核算应当及时进行，不得提前或者延后。

……

9. 《住宅专项维修资金会计核算办法》（2020 年 4 月 20 日）

第一部分　总说明

……

十、住宅专项维修资金的会计核算应当遵循下列基本原则：

（一）住宅专项维修资金的会计核算应当以实际发生的经济业务为依据，如实反映住宅专项维修资金的财务状况和收支情况等信息，保证会计信息真实可靠、内容完整。

（二）住宅专项维修资金的会计核算应当采用规定的会计政策，确保会计信息口径一致、相互可比。

（三）住宅专项维修资金的会计核算应当及时进行，不得提前或者延后。

……

10.《社会保障基金财政专户会计核算办法》(2018 年 12 月 29 日)

第一部分 总则

……

九、财政专户的会计核算应当遵循以下基本原则：

（一）财政专户的会计核算应当以实际发生的业务为依据，如实反映社会保障基金的财务状况和收支情况等信息，保证会计信息真实可靠、内容完整。

（二）财政专户的会计核算应当采用规定的会计政策，确保会计信息口径一致、相互可比。

（三）财政专户的会计核算应当及时进行。

……

11.《利用住房公积金发放保障性住房建设项目贷款相关业务会计核算办法》(2010 年 9 月 27 日)

一、总说明

（一）为了规范有关利用住房公积金发放保障性住房建设项目贷款（以下简称建设项目贷款）试点城市住房公积金支持保障性住房建设资金核算，保证会计信息的真实、完整，根据《住房公积金会计核算办法》(财会字［1999］33 号)、《关于利用住房公积金贷款支持保障性住房建设试点工作的实施意见》（建金［2009］160 号）和《利用住房公积金发放保障性住房建设贷款财务管理办法》(财综［2010］12 号)等相关法规，制定本办法。

（二）本办法适用于《关于做好利用住房公积金贷款支持保障性住房建设试点工作的通知》（建金［2010］100 号）规定的

28 个建设项目贷款试点城市住房公积金管理中心管理的住房公积金。

（三）本办法规定《住房公积金会计核算办法》（财会字［1999］33 号）中涉及建设项目贷款业务的相关会计科目下分别按照建设项目贷款业务和在受托银行办理住房公积金个人住房贷款（以下简称个人住房贷款）业务增设相关明细科目。其中，对于个人住房贷款业务相关明细科目会计处理沿用《住房公积金会计核算办法》相关规定，对于建设项目贷款业务相关明细科目会计处理遵照本办法规定。

（四）本办法由财政部负责解释。

（五）本办法自发布之日起施行。

12.《土地储备资金会计核算办法（试行）》（2008 年 8 月 19 日）

第 3 条 土地储备资金应当作为独立的会计主体进行确认、计量和披露。土地储备资金应当独立于土地储备机构的固有财产及其管理的其他财产，实行分账核算。

第 7 条 土地储备资金的会计核算应当遵循以下基本原则：

（一）土地储备资金的会计核算应当以实际发生的业务为依据，如实反映土地储备资金的收支情况和土地储备项目的成本信息，保证会计信息真实可靠、内容完整。

（二）土地储备资金的会计核算应当采用规定的会计政策，确保会计信息口径一致、相互可比。

（三）土地储备资金的会计核算应当及时进行，不得提前或者延后。

第 8 条 土地储备资金会计机构设置、会计人员配备、内部会计监督与控制以及相关会计基础工作等，应当遵循《中华人民共和国会计法》、《会计基础工作规范》（财会字［1996］19 号）、《会计档案管理办法》（财会字［1998］32 号）及内部控制规范等相关法律、行政法规和制度。

第三章 会计监督

第二十五条 单位内部会计监督制度

各单位应当建立、健全本单位内部会计监督制度,并将其纳入本单位内部控制制度。单位内部会计监督制度应当符合下列要求:

(一)记账人员与经济业务事项和会计事项的审批人员、经办人员、财物保管人员的职责权限应当明确,并相互分离、相互制约;

(二)重大对外投资、资产处置、资金调度和其他重要经济业务事项的决策和执行的相互监督、相互制约程序应当明确;

(三)财产清查的范围、期限和组织程序应当明确;

(四)对会计资料定期进行内部审计的办法和程序应当明确;

(五)国务院财政部门规定的其他要求。

● 法　律

1.《审计法》(2021 年 10 月 23 日)

第 32 条　被审计单位应当加强对内部审计工作的领导,按照国家有关规定建立健全内部审计制度。

审计机关应当对被审计单位的内部审计工作进行业务指导和监督。

第 33 条　社会审计机构审计的单位依法属于被审计单位的,审计机关按照国务院的规定,有权对该社会审计机构出具的相关审计报告进行核查。

2.《公司法》(2023 年 12 月 29 日)

第 177 条　国家出资公司应当依法建立健全内部监督管理和风险控制制度,加强内部合规管理。

● 行政法规及文件

3.《企业财务会计报告条例》(2000 年 6 月 21 日)

第 35 条　国有企业、国有控股的或者占主导地位的企业,应当至少每年一次向本企业的职工代表大会公布财务会计报告,并重点说明下列事项:

(一)反映与职工利益密切相关的信息,包括:管理费用的构成情况,企业管理人员工资、福利和职工工资、福利费用的发放、使用和结余情况,公益金的提取及使用情况,利润分配的情况以及其他与职工利益相关的信息;

(二)内部审计发现的问题及纠正情况;

(三)注册会计师审计的情况;

(四)国家审计机关发现的问题及纠正情况;

(五)重大的投资、融资和资产处置决策及其原因的说明;

(六)需要说明的其他重要事项。

● 部门规章及文件

4.《会计基础工作规范》(2019 年 3 月 14 日)

第 83 条　各单位应当根据《中华人民共和国会计法》和国家统一会计制度的规定,结合单位类型和内容管理的需要,建立健全相应的内部会计管理制度。

第 84 条　各单位制定内部会计管理制度应当遵循下列原则:

(一)应当执行法律、法规和国家统一的财务会计制度。

(二)应当体现本单位的生产经营、业务管理的特点和要求。

(三)应当全面规范本单位的各项会计工作,建立健全会计基础,保证会计工作的有序进行。

（四）应当科学、合理，便于操作和执行。

（五）应当定期检查执行情况。

（六）应当根据管理需要和执行中的问题不断完善。

第85条 各单位应当建立内部会计管理体系。主要内容包括：单位领导人、总会计师对会计工作的领导职责；会计部门及其会计机构负责人、会计主管人员的职责、权限；会计部门与其他职能部门的关系；会计核算的组织形式等。

第86条 各单位应当建立会计人员岗位责任制度。主要内容包括：会计人员的工作岗位设置；各会计工作岗位的职责和标准；各会计工作岗位的人员和具体分工；会计工作岗位轮换办法；对各会计工作岗位的考核办法。

第87条 各单位应当建立帐务处理程序制度。主要内容包括：会计科目及其明细科目的设置和使用；会计凭证的格式、审核要求和传递程序；会计核算方法；会计帐簿的设置；编制会计报表的种类和要求；单位会计指标体系。

第88条 各单位应当建立内部牵制制度。主要内容包括：内部牵制制度的原则；组织分工；出纳岗位的职责和限制条件；有关岗位的职责和权限。

第89条 各单位应当建立稽核制度。主要内容包括：稽核工作的组织形式和具体分工；稽核工作的职责、权限；审核会计凭证和复核会计帐簿、会计报表的方法。

第90条 各单位应当建立原始记录管理制度。主要内容包括：原始记录的内容和填制方法；原始记录的格式；原始记录的审核；原始记录填制人的责任；原始记录签署、传递、汇集要求。

第91条 各单位应当建立定额管理制度。主要内容包括：定额管理的范围；制定和修订定额的依据、程序和方法；定额的执行；定额考核和奖惩办法等。

第 92 条　各单位应当建立计量验收制度。主要内容包括：计量检测手段和方法；计量验收管理的要求；计量验收人员的责任和奖惩办法。

第 93 条　各单位应当建立财产清查制度。主要内容包括：财产清查的范围；财产清查的组织；财产清查的期限和方法；对财产清查中发现问题的处理办法；对财产管理人员的奖惩办法。

第 94 条　各单位应当建立财务收支审批制度。主要内容包括：财务收支审批人员和审批权限；财务收支审批程序；财务收支审批人员的责任。

第 95 条　实行成本核算的单位应当建立成本核算制度。主要内容包括：成本核算的对象；成本核算的方法和程序；成本分析等。

第 96 条　各单位应当建立财务会计分析制度。主要内容包括：财务会计分析的主要内容；财务会计分析的基本要求和组织程序；财务会计分析的具体方法；财务会计分析报告的编写要求等。

5. **《企业财务通则》**（2006 年 12 月 4 日）

第 21 条　企业依法以借款、发行债券、融资租赁等方式筹集债务资金的，应当明确筹资目的，根据资金成本、债务风险和合理的资金需求，进行必要的资本结构决策，并签订书面合同。

企业筹集资金用于固定资产投资项目的，应当遵守国家产业政策、行业规划、自有资本比例及其他规定。

企业筹集资金，应当按规定核算和使用，并诚信履行合同，依法接受监督。

6. **《企业会计准则——基本准则》**（2014 年 7 月 23 日）

第 12 条　企业应当以实际发生的交易或者事项为依据进行会计确认、计量和报告，如实反映符合确认和计量要求的各项会计要素及其他相关信息，保证会计信息真实可靠、内容完整。

第 17 条 企业提供的会计信息应当反映与企业财务状况、经营成果和现金流量等有关的所有重要交易或者事项。

7. 《企业会计制度》（2000 年 12 月 29 日）

第 11 条 企业在会计核算时，应当遵循以下基本原则：

（一）会计核算应当以实际发生的交易或事项为依据，如实反映企业的财务状况、经营成果和现金流量。

（二）企业应当按照交易或事项的经济实质进行会计核算，而不应当仅仅按照它们的法律形式作为会计核算的依据。

（三）企业提供的会计信息应当能够反映企业的财务状况、经营成果和现金流量，以满足会计信息使用者的需要。

（四）企业的会计核算方法前后各期应当保持一致，不得随意变更。如有必要变更，应当将变更的内容和理由、变更的累积影响数，以及累积影响数不能合理确定的理由等，在会计报表附注中予以说明。

（五）企业的会计核算应当按照规定的会计处理方法进行，会计指标应当口径一致、相互可比。

（六）企业的会计核算应当及时进行，不得提前或延后。

（七）企业的会计核算和编制的财务会计报告应当清晰明了，便于理解和利用。

（八）企业的会计核算应当以权责发生制为基础。凡是当期已经实现的收入和已经发生或应当负担的费用，不论款项是否收付，都应当作为当期的收入和费用；凡是不属于当期的收入和费用，即使款项已在当期收付，也不应当作为当期的收入和费用。

（九）企业在进行会计核算时，收入与其成本、费用应当相互配比，同一会计期间内的各项收入和与其相关的成本、费用，应当在该会计期间内确认。

（十）企业的各项财产在取得时应当按照实际成本计量。其后，各项财产如果发生减值，应当按照本制度规定计提相应的减值准备。除法律、行政法规和国家统一的会计制度另有规定者外，企业一律不得自行调整其账面价值。

（十一）企业的会计核算应当合理划分收益性支出与资本性支出的界限。凡支出的效益仅及于本年度（或一个营业周期）的，应当作为收益性支出；凡支出的效益及于几个会计年度（或几个营业周期）的，应当作为资本性支出。

（十二）企业在进行会计核算时，应当遵循谨慎性原则的要求，不得多计资产或收益、少计负债或费用，但不得计提秘密准备。

（十三）企业的会计核算应当遵循重要性原则的要求，在会计核算过程中对交易或事项应当区别其重要程度，采用不同的核算方式。对资产、负债、损益等有较大影响，并进而影响财务会计报告使用者据以作出合理判断的重要会计事项，必须按照规定的会计方法和程序进行处理，并在财务会计报告中予以充分、准确地披露；对于次要的会计事项，在不影响会计信息真实性和不至于误导财务会计报告使用者作出正确判断的前提下，可适当简化处理。

第二十六条　会计机构、会计人员依法履行职责的保障

单位负责人应当保证会计机构、会计人员依法履行职责，不得授意、指使、强令会计机构、会计人员违法办理会计事项。

会计机构、会计人员对违反本法和国家统一的会计制度规定的会计事项，有权拒绝办理或者按照职权予以纠正。

● 法　律

1. 《注册会计师法》（2014 年 8 月 31 日）

第 6 条　注册会计师和会计师事务所执行业务，必须遵守法

律、行政法规。

注册会计师和会计师事务所依法独立、公正执行业务，受法律保护。

第17条 注册会计师执行业务，可以根据需要查阅委托人的有关会计资料和文件，查看委托人的业务现场和设施，要求委托人提供其他必要的协助。

第20条 注册会计师执行审计业务，遇有下列情形之一的，应当拒绝出具有关报告：

（一）委托人示意其作不实或者不当证明的；

（二）委托人故意不提供有关会计资料和文件的；

（三）因委托人有其他不合理要求，致使注册会计师出具的报告不能对财务会计的重要事项作出正确表述的。

第29条 会计师事务所受理业务，不受行政区域、行业的限制；但是，法律、行政法规另有规定的除外。

第30条 委托人委托会计师事务所办理业务，任何单位和个人不得干预。

2.《审计法》（2021年10月23日）

第18条 审计机关对本级各部门（含直属单位）和下级政府预算的执行情况和决算以及其他财政收支情况，进行审计监督。

第19条 审计署在国务院总理领导下，对中央预算执行情况、决算草案以及其他财政收支情况进行审计监督，向国务院总理提出审计结果报告。

地方各级审计机关分别在省长、自治区主席、市长、州长、县长、区长和上一级审计机关的领导下，对本级预算执行情况、决算草案以及其他财政收支情况进行审计监督，向本级人民政府和上一级审计机关提出审计结果报告。

第20条 审计署对中央银行的财务收支，进行审计监督。

第21条　审计机关对国家的事业组织和使用财政资金的其他事业组织的财务收支,进行审计监督。

第22条　审计机关对国有企业、国有金融机构和国有资本占控股地位或者主导地位的企业、金融机构的资产、负债、损益以及其他财务收支情况,进行审计监督。

遇有涉及国家财政金融重大利益情形,为维护国家经济安全,经国务院批准,审计署可以对前款规定以外的金融机构进行专项审计调查或者审计。

第23条　审计机关对政府投资和以政府投资为主的建设项目的预算执行情况和决算,对其他关系国家利益和公共利益的重大公共工程项目的资金管理使用和建设运营情况,进行审计监督。

第24条　审计机关对国有资源、国有资产,进行审计监督。

审计机关对政府部门管理的和其他单位受政府委托管理的社会保险基金、全国社会保障基金、社会捐赠资金以及其他公共资金的财务收支,进行审计监督。

第25条　审计机关对国际组织和外国政府援助、贷款项目的财务收支,进行审计监督。

第26条　根据经批准的审计项目计划安排,审计机关可以对被审计单位贯彻落实国家重大经济社会政策措施情况进行审计监督。

第27条　除本法规定的审计事项外,审计机关对其他法律、行政法规规定应当由审计机关进行审计的事项,依照本法和有关法律、行政法规的规定进行审计监督。

第28条　审计机关可以对被审计单位依法应当接受审计的事项进行全面审计,也可以对其中的特定事项进行专项审计。

第29条　审计机关有权对与国家财政收支有关的特定事项,向有关地方、部门、单位进行专项审计调查,并向本级人民政府和上一级审计机关报告审计调查结果。

第30条　审计机关履行审计监督职责，发现经济社会运行中存在风险隐患的，应当及时向本级人民政府报告或者向有关主管机关、单位通报。

第34条　审计机关有权要求被审计单位按照审计机关的规定提供财务、会计资料以及与财政收支、财务收支有关的业务、管理等资料，包括电子数据和有关文档。被审计单位不得拒绝、拖延、谎报。

被审计单位负责人应当对本单位提供资料的及时性、真实性和完整性负责。

审计机关对取得的电子数据等资料进行综合分析，需要向被审计单位核实有关情况的，被审计单位应当予以配合。

第35条　国家政务信息系统和数据共享平台应当按照规定向审计机关开放。

审计机关通过政务信息系统和数据共享平台取得的电子数据等资料能够满足需要的，不得要求被审计单位重复提供。

第36条　审计机关进行审计时，有权检查被审计单位的财务、会计资料以及与财政收支、财务收支有关的业务、管理等资料和资产，有权检查被审计单位信息系统的安全性、可靠性、经济性，被审计单位不得拒绝。

第37条　审计机关进行审计时，有权就审计事项的有关问题向有关单位和个人进行调查，并取得有关证明材料。有关单位和个人应当支持、协助审计机关工作，如实向审计机关反映情况，提供有关证明材料。

审计机关经县级以上人民政府审计机关负责人批准，有权查询被审计单位在金融机构的账户。

审计机关有证据证明被审计单位违反国家规定将公款转入其他单位、个人在金融机构账户的，经县级以上人民政府审计机关主要负责人批准，有权查询有关单位、个人在金融机构与审计事项相关的存款。

第38条　审计机关进行审计时，被审计单位不得转移、隐匿、篡改、毁弃财务、会计资料以及与财政收支、财务收支有关的业务、管理等资料，不得转移、隐匿、故意毁损所持有的违反国家规定取得的资产。

审计机关对被审计单位违反前款规定的行为，有权予以制止；必要时，经县级以上人民政府审计机关负责人批准，有权封存有关资料和违反国家规定取得的资产；对其中在金融机构的有关存款需要予以冻结的，应当向人民法院提出申请。

审计机关对被审计单位正在进行的违反国家规定的财政收支、财务收支行为，有权予以制止；制止无效的，经县级以上人民政府审计机关负责人批准，通知财政部门和有关主管机关、单位暂停拨付与违反国家规定的财政收支、财务收支行为直接有关的款项，已经拨付的，暂停使用。

审计机关采取前两款规定的措施不得影响被审计单位合法的业务活动和生产经营活动。

第39条　审计机关认为被审计单位所执行的上级主管机关、单位有关财政收支、财务收支的规定与法律、行政法规相抵触的，应当建议有关主管机关、单位纠正；有关主管机关、单位不予纠正的，审计机关应当提请有权处理的机关、单位依法处理。

第40条　审计机关可以向政府有关部门通报或者向社会公布审计结果。

审计机关通报或者公布审计结果，应当保守国家秘密、工作秘密、商业秘密、个人隐私和个人信息，遵守法律、行政法规和国务院的有关规定。

第41条　审计机关履行审计监督职责，可以提请公安、财政、自然资源、生态环境、海关、税务、市场监督管理等机关予以协助。有关机关应当依法予以配合。

- 行政法规及文件

3. **《企业财务会计报告条例》**（2000年6月21日）

　　第32条　企业应当依照企业章程的规定，向投资者提供财务会计报告。

　　国务院派出监事会的国有重点大型企业、国有重点金融机构和省、自治区、直辖市人民政府派出监事会的国有企业，应当依法定期向监事会提供财务会计报告。

- 地方性法规及文件

4. **《陕西省会计管理条例》**（2019年7月31日　陕西省第十三届人民代表大会常务委员会第23号公告）

　　第18条　会计机构和会计人员应当按照国家统一的会计制度规定对原始凭证进行审核，对不真实、不合法的原始凭证有权拒绝接受，并向单位负责人报告；对记载不准确、不完整的原始凭证予以退回，并要求更正、补充。

　　会计机构、会计人员应当根据经过审核的原始凭证及有关资料填制记账凭证。

> **第二十七条**　会计机构、会计人员应当保证会计账簿记录真实
>
> 　　会计机构、会计人员发现会计账簿记录与实物、款项及有关资料不相符的，按照国家统一的会计制度的规定有权自行处理的，应当及时处理；无权处理的，应当立即向单位负责人报告，请求查明原因，作出处理。

- 行政法规及文件

1. **《企业财务会计报告条例》**（2000年6月21日）

　　第20条　企业在编制年度财务会计报告前，应当按照下列规定，全面清查资产、核实债务：

（一）结算款项，包括应收款项、应付款项、应交税金等是否存在，与债务、债权单位的相应债务、债权金额是否一致；

（二）原材料、在产品、自制半成品、库存商品等各项存货的实存数量与账面数量是否一致，是否有报废损失和积压物资等；

（三）各项投资是否存在，投资收益是否按照国家统一的会计制度规定进行确认和计量；

（四）房屋建筑物、机器设备、运输工具等各项固定资产的实存数量与账面数量是否一致；

（五）在建工程的实际发生额与账面记录是否一致；

（六）需要清查、核实的其他内容。

企业通过前款规定的清查、核实，查明财产物资的实存数量与账面数量是否一致、各项结算款项的拖欠情况及其原因、材料物资的实际储备情况、各项投资是否达到预期目的、固定资产的使用情况及其完好程度等。企业清查、核实后，应当将清查、核实的结果及其处理办法向企业的董事会或者相应机构报告，并根据国家统一的会计制度的规定进行相应的会计处理。

企业应当在年度中间根据具体情况，对各项财产物资和结算款项进行重点抽查、轮流清查或者定期清查。

第21条　企业在编制财务会计报告前，除应当全面清查资产、核实债务外，还应当完成下列工作：

（一）核对各会计账簿记录与会计凭证的内容、金额等是否一致，记账方向是否相符；

（二）依照本条例规定的结账日进行结账，结出有关会计账簿的余额和发生额，并核对各会计账簿之间的余额；

（三）检查相关的会计核算是否按照国家统一的会计制度的规定进行；

（四）对于国家统一的会计制度没有规定统一核算方法的交

易、事项，检查其是否按照会计核算的一般原则进行确认和计量以及相关账务处理是否合理；

（五）检查是否存在因会计差错、会计政策变更等原因需要调整前期或者本期相关项目。

在前款规定工作中发现问题的，应当按照国家统一的会计制度的规定进行处理。

第22条　企业编制年度和半年度财务会计报告时，对经查实后的资产、负债有变动的，应当按照资产、负债的确认和计量标准进行确认和计量，并按照国家统一的会计制度的规定进行相应的会计处理。

第23条　企业应当按照国家统一的会计制度规定的会计报表格式和内容，根据登记完整、核对无误的会计账簿记录和其他有关资料编制会计报表，做到内容完整、数字真实、计算准确，不得漏报或者任意取舍。

第24条　会计报表之间、会计报表各项目之间，凡有对应关系的数字，应当相互一致；会计报表中本期与上期的有关数字应当相互衔接。

第25条　会计报表附注和财务情况说明书应当按照本条例和国家统一的会计制度的规定，对会计报表中需要说明的事项作出真实、完整、清楚的说明。

● 部门规章及文件

2. 《会计基础工作规范》（2019年3月14日）

第72条　各单位的会计机构、会计人员对本单位的经济活动进行会计监督。

第73条　会计机构、会计人员进行会计监督的依据是：

（一）财经法律、法规、规章；

（二）会计法律、法规和国家统一会计制度；

（三）各省、自治区、直辖市财政厅（局）和国务院业务主管部门根据《中华人民共和国会计法》和国家统一会计制度制定的具体实施办法或者补充规定；

（四）各单位根据《中华人民共和国会计法》和国家统一会计制度制定的单位内部会计管理制度；

（五）各单位内部的预算、财务计划、经济计划、业务计划等。

第74条 会计机构、会计人员应当对原始凭证进行审核和监督。

对不真实、不合法的原始凭证，不予受理。对弄虚作假、严重违法的原始凭证，在不予受理的同时，应当予以扣留，并及时向单位领导人报告，请求查明原因，追究当事人的责任。

对记载不准确、不完整的原始凭证，予以退回，要求经办人员更正、补充。

第75条 会计机构、会计人员对伪造、变造、故意毁灭会计帐簿或者帐外设帐行为，应当制止和纠正；制止和纠正无效的，应当向上级主管单位报告，请求作出处理。

第76条 会计机构、会计人员应当对实物、款项进行监督，督促建立并严格执行财产清查制度。发现帐簿记录与实物、款项不符时，应当按照国家有关规定进行处理。超出会计机构、会计人员职权范围的，应当立即向本单位领导报告，请求查明原因，作出处理。

第77条 会计机构、会计人员对指使、强令编造、篡改财务报告行为，应当制止和纠正；制止和纠正无效的，应当向上级主管单位报告，请求处理。

第78条 会计机构、会计人员应当对财务收支进行监督。

（一）对审批手续不全的财务收支，应当退回，要求补充、更正。

（二）对违反规定不纳入单位统一会计核算的财务收支，应当制止和纠正。

（三）对违反国家统一的财政、财务、会计制度规定的财务收支，不予办理。

（四）对认为是违反国家统一的财政、财务、会计制度规定的财务收支，应当制止和纠正；制止和纠正无效的，应当向单位领导人提出书面意见请求处理。

单位领导人应当在接到书面意见起十日内作出书面决定，并对决定承担责任。

（五）对违反国家统一的财政、财务、会计制度规定的财务收支，不予制止和纠正，又不向单位领导人提出书面意见的，也应当承担责任。

（六）对严重违反国家利益和社会公众利益的财务收支，应当向主管单位或者财政、审计、税务机关报告。

第79条　会计机构、会计人员对违反单位内部会计管理制度的经济活动，应当制止和纠正；制止和纠正无效的，向单位领导人报告，请求处理。

第80条　会计机构、会计人员应当对单位制定的预算、财务计划、经济计划、业务计划的执行情况进行监督。

第81条　各单位必须依照法律和国家有关规定接受财政、审计、税务等机关的监督，如实提供会计凭证、会计帐簿、会计报表和其他会计资料以及有关情况，不得拒绝、隐匿、谎报。

第82条　按照法律规定应当委托注册会计师进行审计的单位，应当委托注册会计师进行审计，并配合注册会计师的工作，如实提供会计凭证、会计帐簿、会计报表和其他会计资料以及有关情况，不得拒绝、隐匿、谎报，不得示意注册会计师出具不当的审计报告。

第二十八条　全社会参与会计监督

任何单位和个人对违反本法和国家统一的会计制度规定的行为，有权检举。收到检举的部门有权处理的，应当依法按照职责分工及时处理；无权处理的，应当及时移送有权处理的部门处理。收到检举的部门、负责处理的部门应当为检举人保密，不得将检举人姓名和检举材料转给被检举单位和被检举人个人。

● 宪　法

1.《宪法》（2018年3月11日）

第41条　中华人民共和国公民对于任何国家机关和国家工作人员，有提出批评和建议的权利；对于任何国家机关和国家工作人员的违法失职行为，有向有关国家机关提出申诉、控告或者检举的权利，但是不得捏造或者歪曲事实进行诬告陷害。

对于公民的申诉、控告或者检举，有关国家机关必须查清事实，负责处理。任何人不得压制和打击报复。

由于国家机关和国家工作人员侵犯公民权利而受到损失的人，有依照法律规定取得赔偿的权利。

● 法　律

2.《预算法》（2018年12月29日）

第91条　公民、法人或者其他组织发现有违反本法的行为，可以依法向有关国家机关进行检举、控告。

接受检举、控告的国家机关应当依法进行处理，并为检举人、控告人保密。任何单位或者个人不得压制和打击报复检举人、控告人。

- 地方性法规及文件

3. 《甘肃省会计管理条例》(2022 年 9 月 23 日　甘肃省人民代表大会常务委员会公告第 133 号)

　　第 27 条　任何单位和个人有权检举会计违法违规行为。接到举报的机关应当依法处理,并为检举人保密。

> **第二十九条**　审计报告客观性的保障
>
> 　　有关法律、行政法规规定,须经注册会计师进行审计的单位,应当向受委托的会计师事务所如实提供会计凭证、会计账簿、财务会计报告和其他会计资料以及有关情况。
>
> 　　任何单位或者个人不得以任何方式要求或者示意注册会计师及其所在的会计师事务所出具不实或者不当的审计报告。
>
> 　　财政部门有权对会计师事务所出具审计报告的程序和内容进行监督。

- 法　律

1. 《注册会计师法》(2014 年 8 月 31 日)

　　第 14 条　注册会计师承办下列审计业务:

　　(一)审查企业会计报表,出具审计报告;

　　(二)验证企业资本,出具验资报告;

　　(三)办理企业合并、分立、清算事宜中的审计业务,出具有关的报告;

　　(四)法律、行政法规规定的其他审计业务。

　　注册会计师依法执行审计业务出具的报告,具有证明效力。

　　第 15 条　注册会计师可以承办会计咨询、会计服务业务。

　　第 16 条　注册会计师承办业务,由其所在的会计师事务所统一受理并与委托人签订委托合同。

　　会计师事务所对本所注册会计师依照前款规定承办的业务,

承担民事责任。

第17条　注册会计师执行业务，可以根据需要查阅委托人的有关会计资料和文件，查看委托人的业务现场和设施，要求委托人提供其他必要的协助。

第18条　注册会计师与委托人有利害关系的，应当回避；委托人有权要求其回避。

第19条　注册会计师对在执行业务中知悉的商业秘密，负有保密义务。

第20条　注册会计师执行审计业务，遇有下列情形之一的，应当拒绝出具有关报告：

（一）委托人示意其作不实或者不当证明的；

（二）委托人故意不提供有关会计资料和文件的；

（三）因委托人有其他不合理要求，致使注册会计师出具的报告不能对财务会计的重要事项作出正确表述的。

第21条　注册会计师执行审计业务，必须按照执业准则、规则确定的工作程序出具报告。

注册会计师执行审计业务出具报告时，不得有下列行为：

（一）明知委托人对重要事项的财务会计处理与国家有关规定相抵触，而不予指明；

（二）明知委托人的财务会计处理会直接损害报告使用人或者其他利害关系人的利益，而予以隐瞒或者作不实的报告；

（三）明知委托人的财务会计处理会导致报告使用人或者其他利害关系人产生重大误解，而不予指明；

（四）明知委托人的会计报表的重要事项有其他不实的内容，而不予指明。

对委托人有前款所列行为，注册会计师按照执业准则、规则应当知道的，适用前款规定。

第22条　注册会计师不得有下列行为：

（一）在执行审计业务期间，在法律、行政法规规定不得买卖被审计单位的股票、债券或者不得购买被审计单位或者个人的其他财产的期限内，买卖被审计单位的股票、债券或者购买被审计单位或者个人所拥有的其他财产；

（二）索取、收受委托合同约定以外的酬金或者其他财物，或者利用执行业务之便，谋取其他不正当的利益；

（三）接受委托催收债款；

（四）允许他人以本人名义执行业务；

（五）同时在两个或者两个以上的会计师事务所执行业务；

（六）对其能力进行广告宣传以招揽业务；

（七）违反法律、行政法规的其他行为。

第30条 委托人委托会计师事务所办理业务，任何单位和个人不得干预。

● 部门规章及文件

2.《会计基础工作规范》（2019年3月14日）

第81条 各单位必须依照法律和国家有关规定接受财政、审计、税务等机关的监督，如实提供会计凭证、会计帐簿、会计报表和其他会计资料以及有关情况、不得拒绝、隐匿、谎报。

第82条 按照法律规定应当委托注册会计师进行审计的单位，应当委托注册会计师进行审计，并配合注册会计师的工作，如实提供会计凭证、会计帐簿、会计报表和其他会计资料以及有关情况，不得拒绝、隐匿、谎报，不得示意注册会计师出具不当的审计报告。

第三十条 财政部门对会计工作的监督

财政部门对各单位的下列情况实施监督：

（一）是否依法设置会计账簿；

（二）会计凭证、会计账簿、财务会计报告和其他会计资料是否真实、完整；

（三）会计核算是否符合本法和国家统一的会计制度的规定；

（四）从事会计工作的人员是否具备专业能力、遵守职业道德。

在对前款第（二）项所列事项实施监督，发现重大违法嫌疑时，国务院财政部门及其派出机构可以向与被监督单位有经济业务往来的单位和被监督单位开立账户的金融机构查询有关情况，有关单位和金融机构应当给予支持。

● 法　律

1. 《注册会计师法》（2014年8月31日）

第5条　国务院财政部门和省、自治区、直辖市人民政府财政部门，依法对注册会计师、会计师事务所和注册会计师协会进行监督、指导。

2. 《预算法》（2018年12月29日）

第26条　各部门编制本部门预算、决算草案；组织和监督本部门预算的执行；定期向本级政府财政部门报告预算的执行情况。

各单位编制本单位预算、决算草案；按照国家规定上缴预算收入，安排预算支出，并接受国家有关部门的监督。

● 部门规章及文件

3. 《财政部门实施会计监督办法》（2001年2月20日）

第1条　为规范财政部门会计监督工作，保障财政部门有效实施会计监督，保护公民、法人和其他组织的合法权益，根据

《中华人民共和国会计法》（以下简称《会计法》）、《中华人民共和国行政处罚法》（以下简称《行政处罚法》）、《企业财务会计报告条例》等有关法律、行政法规的规定，制定本办法。

第 6 条　财政部门应当建立健全会计监督制度，并将会计监督与财务监督和其他财政监督结合起来，不断改进和加强会计监督工作。

第 9 条　财政部门依法对各单位设置会计账簿的下列情况实施监督检查：

（一）应当设置会计账簿的是否按规定设置会计账簿；

（二）是否存在账外设账的行为；

（三）是否存在伪造、变造会计账簿的行为；

（四）设置会计账簿是否存在其他违反法律、行政法规和国家统一的会计制度的行为。

第 10 条　财政部门依法对各单位会计凭证、会计账簿、财务会计报告和其他会计资料的真实性、完整性实施监督检查，内容包括：

（一）《会计法》第十条规定的应当办理会计手续、进行会计核算的经济业务事项是否如实在会计凭证、会计账簿、财务会计报告和其他会计资料上反映；

（二）填制的会计凭证、登记的会计账簿、编制的财务会计报告与实际发生的经济业务事项是否相符；

（三）财务会计报告的内容是否符合有关法律、行政法规和国家统一的会计制度的规定；

（四）其他会计资料是否真实、完整。

第 11 条　财政部门依法对各单位会计核算的下列情况实施监督检查：

（一）采用会计年度、使用记账本位币和会计记录文字是否符合法律、行政法规和国家统一的会计制度的规定；

（二）填制或者取得原始凭证、编制记账凭证、登记会计账簿是否符合法律、行政法规和国家统一的会计制度的规定；

（三）财务会计报告的编制程序、报送对象和报送期限是否符合法律、行政法规和国家统一的会计制度的规定；

（四）会计处理方法的采用和变更是否符合法律、行政法规和国家统一的会计制度的规定；

（五）使用的会计软件及其生成的会计资料是否符合法律、行政法规和国家统一的会计制度的规定；

（六）是否按照法律、行政法规和国家统一的会计制度的规定建立并实施内部会计监督制度；

（七）会计核算是否有其他违法会计行为。

第13条 财政部门依法对公司、企业执行《会计法》第二十五条和第二十六条的情况实施监督检查。

第14条 财政部门依法对各单位任用会计人员的下列情况实施监督检查：

（一）从事会计工作的人员是否持有会计从业资格证书；

（二）会计机构负责人（会计主管人员）是否具备法律、行政法规和国家统一的会计制度规定的任职资格。

第16条 财政部门实施会计监督检查可以采用下列形式：

（一）对单位遵守《会计法》、会计行政法规和国家统一的会计制度情况进行全面检查；

（二）对单位会计基础工作、从事会计工作的人员持有会计从业资格证书、会计人员从业情况进行专项检查或者抽查；

（三）对有检举线索或者在财政管理工作中发现有违法嫌疑的单位进行重点检查；

（四）对经注册会计师审计的财务会计报告进行定期抽查；

（五）对会计师事务所出具的审计报告进行抽查；

（六）依法实施其他形式的会计监督检查。

第18条 在会计监督检查中,检查人员应当如实填写会计监督检查工作记录。

会计监督检查工作记录应当包括下列内容:

(一)检查工作记录的编号;

(二)被检查单位违法会计行为发生的日期、记账凭证编号、会计账簿名称和编号、财务会计报告名称和会计期间、会计档案编号;

(三)被检查单位违法会计行为主要内容摘录;

(四)会计监督检查工作记录附件的主要内容和页数;

(五)其他应当说明的事项;

(六)检查人员签章及填制日期;

(七)检查组长签章及日期。

前款第(四)项所称会计监督检查工作记录附件应当包括下列材料:

(一)与被检查事项有关的会计凭证、会计账簿、财务会计报告等会计资料的复印件;

(二)与被检查事项有关的文件、合同、协议、往来函件等资料的复印件;

(三)注册会计师及其会计师事务所出具的审计报告、有关资料的复印件;

(四)其他有关资料。

第19条 财政部门实施会计监督检查,可以在被检查单位的业务场所进行;必要时,经财政部门负责人批准,也可以将被检查单位以前会计年度的会计凭证、会计账簿、财务会计报告和其他有关资料调回财政部门检查,但须由组织检查的财政部门向被检查单位开具调用会计资料清单,并在三个月内完整退还。

第21条 国务院财政部门及其派出机构在对有关单位会计资料的真实性、完整性实施监督检查过程中,发现重大违法嫌疑时，可以向与被检查单位有经济业务往来的单位或者被检查单位开立账户的金融机构查询有关情况。向与被检查单位有经济业务往来的单位查询有关情况，应当经国务院财政部门或者其派出机构负责人批准，并持查询情况许可证明；向被检查单位开立账户的金融机构查询情况，应当遵守《关于财政部及其派出机构查询被监督单位有关情况若干具体问题的通知》（财政部、中国人民银行财监字〔2000〕39号）的规定。

第29条　财政部门在对本办法第九条、第十条、第十一条、第十二条、第十三条规定的内容实施会计监督检查中，发现当事人有伪造、变造会计凭证、会计账簿或者编制虚假财务会计报告的，应当依照《会计法》第四十三条的规定处理。

第30条　财政部门在对本办法第九条、第十条、第十一条、第十二条、第十三条规定的内容实施会计监督检查中，发现有隐匿或者故意销毁依法应当保存的会计凭证、会计账簿、财务会计报告的违法会计行为的，应当依照《会计法》第四十四条的规定处理。

第31条　财政部门在实施会计监督检查中，发现被检查单位的有关人员有授意、指使、强令会计机构、会计人员及其他人员伪造、变造或者隐匿、故意销毁依法应当保存的会计凭证、会计账簿，编制虚假财务会计报告行为的，应当依照《会计法》第四十五条的规定处理。

第41条　对下列违法会计行为案件，财政部门可以直接立案：

（一）在会计监督检查中发现的；

（二）在其他财政监督检查中发现的；

（三）在日常财政管理工作中发现的；

（四）上级财政部门指定办理、下级财政部门上报的；

（五）有关部门移送的。

第 45 条　案件审理人员应当对违法会计行为案件的下列内容进行审查：

（一）实施的会计监督检查是否符合法定程序；

（二）当事人的违法事实是否清楚；

（三）收集的证明材料是否真实、充分；

（四）认定违法会计行为所适用的依据是否正确；

（五）建议给予的行政处罚种类和幅度是否合法和适当；

（六）当事人陈述和申辩的理由是否成立；

（七）需要审理的其他事项。

第 46 条　案件审理人员对其审理的案件可以分别作出下列处理：

（一）对会计监督检查未履行法定程序的，经向财政部门负责人报告并批准后，采取必要的弥补措施。

（二）对违法事实不清、证据不充分的，中止审理，并通知有关检查人员予以说明或者补充、核实有关的检查材料。必要时，经财政部门负责人批准，可另行组织调查、取证。

（三）对认定违法会计行为所适用的依据、建议给予的行政处罚的种类和幅度不正确、不适当的，提出修改意见。

（四）对审理事项没有异议的，签署同意意见。

第 53 条　财政部门应当在接到会计监督检查报告之日起三十日内作出处理决定，并送达当事人；遇有特殊情况可延长至六十日内送达当事人。

第三十一条　对会计资料的监督检查

财政、审计、税务、金融管理等部门应当依照有关法律、行政法规规定的职责，对有关单位的会计资料实施监督检查，并出具检查结论。

> 财政、审计、税务、金融管理等部门应当加强监督检查协作，有关监督检查部门已经作出的检查结论能够满足其他监督检查部门履行本部门职责需要的，其他监督检查部门应当加以利用，避免重复查账。

● **法　律**

1.《**审计法**》（2021 年 10 月 23 日）

第 21 条　审计机关对国家的事业组织和使用财政资金的其他事业组织的财务收支，进行审计监督。

第 22 条　审计机关对国有企业、国有金融机构和国有资本占控股地位或者主导地位的企业、金融机构的资产、负债、损益以及其他财务收支情况，进行审计监督。

遇有涉及国家财政金融重大利益情形，为维护国家经济安全，经国务院批准，审计署可以对前款规定以外的金融机构进行专项审计调查或者审计。

第 23 条　审计机关对政府投资和以政府投资为主的建设项目的预算执行情况和决算，对其他关系国家利益和公共利益的重大公共工程项目的资金管理使用和建设运营情况，进行审计监督。

第 24 条　审计机关对国有资源、国有资产，进行审计监督。

审计机关对政府部门管理的和其他单位受政府委托管理的社会保险基金、全国社会保障基金、社会捐赠资金以及其他公共资金的财务收支，进行审计监督。

第 25 条　审计机关对国际组织和外国政府援助、贷款项目的财务收支，进行审计监督。

第 26 条　根据经批准的审计项目计划安排，审计机关可以对被审计单位贯彻落实国家重大经济社会政策措施情况进行审计监督。

第 27 条 除本法规定的审计事项外，审计机关对其他法律、行政法规规定应当由审计机关进行审计的事项，依照本法和有关法律、行政法规的规定进行审计监督。

第 28 条 审计机关可以对被审计单位依法应当接受审计的事项进行全面审计，也可以对其中的特定事项进行专项审计。

2.《会计基础工作规范》（2019 年 3 月 14 日）

第 81 条 各单位必须依照法律和国家有关规定接受财政、审计、税务等机关的监督，如实提供会计凭证、会计帐簿、会计报表和其他会计资料以及有关情况，不得拒绝、隐匿、谎报。

3.《行政单位财务规则》（2023 年 1 月 28 日）

第十章 财务监督

第 57 条 行政单位财务监督主要包括对预算管理、收入管理、支出管理、结转和结余管理、资产管理、负债管理等的监督。

第 58 条 行政单位财务监督应当实行事前监督、事中监督、事后监督相结合，日常监督与专项监督相结合，并对违反财务规章制度的问题进行检查处理。

第 59 条 行政单位应当建立健全内部控制制度、经济责任制度、财务信息披露制度等监督制度，按照规定编制内部控制报告，依法依规公开财务信息，做好预决算公开工作。

第 60 条 行政单位应当遵守财经纪律和财务制度，依法接受主管预算单位和财政、审计部门的监督。

第 61 条 财政部门、行政单位及其工作人员存在违反本规则规定的行为，以及其他滥用职权、玩忽职守、徇私舞弊等违法违规行为的，依法追究相应责任。

● 地方性法规及文件

4.《甘肃省会计管理条例》(2022 年 9 月 23 日 甘肃省人民代表大会常务委员会公告第 133 号)

第 25 条 财政、审计、税务等有关部门和人民银行分支机构、银保监派出机构依法对单位会计资料实施监督检查后,应当出具检查结论。已经作出的检查结论,能够满足其他监督检查部门履行本部门职责需要的,其他监督检查部门应当加以利用,避免重复查账。

依法对单位会计资料实施监督检查的有关部门和机构及其工作人员,应当遵守国家保密法律法规的规定,不得泄露国家秘密和商业秘密。

第三十二条　监督部门及其工作人员的保密义务

依法对有关单位的会计资料实施监督检查的部门及其工作人员对在监督检查中知悉的国家秘密、工作秘密、商业秘密、个人隐私、个人信息负有保密义务。

● 法　律

1.《注册会计师法》(2014 年 8 月 31 日)

第 19 条 注册会计师对在执行业务中知悉的商业秘密,负有保密义务。

2.《审计法》(2021 年 10 月 23 日)

第 16 条 审计机关和审计人员对在执行职务中知悉的国家秘密、工作秘密、商业秘密、个人隐私和个人信息,应当予以保密,不得泄露或者向他人非法提供。

第 57 条 审计人员滥用职权、徇私舞弊、玩忽职守或者泄露、向他人非法提供所知悉的国家秘密、工作秘密、商业秘密、个人隐私和个人信息的,依法给予处分;构成犯罪的,依法追究刑事责任。

3.《保守国家秘密法》（2024年2月27日）

第2条　国家秘密是关系国家安全和利益，依照法定程序确定，在一定时间内只限一定范围的人员知悉的事项。

第5条　国家秘密受法律保护。

一切国家机关和武装力量、各政党和各人民团体、企业事业组织和其他社会组织以及公民都有保密的义务。

任何危害国家秘密安全的行为，都必须受到法律追究。

第13条　下列涉及国家安全和利益的事项，泄露后可能损害国家在政治、经济、国防、外交等领域的安全和利益的，应当确定为国家秘密：

（一）国家事务重大决策中的秘密事项；

（二）国防建设和武装力量活动中的秘密事项；

（三）外交和外事活动中的秘密事项以及对外承担保密义务的秘密事项；

（四）国民经济和社会发展中的秘密事项；

（五）科学技术中的秘密事项；

（六）维护国家安全活动和追查刑事犯罪中的秘密事项；

（七）经国家保密行政管理部门确定的其他秘密事项。

政党的秘密事项中符合前款规定的，属于国家秘密。

第14条　国家秘密的密级分为绝密、机密、秘密三级。

绝密级国家秘密是最重要的国家秘密，泄露会使国家安全和利益遭受特别严重的损害；机密级国家秘密是重要的国家秘密，泄露会使国家安全和利益遭受严重的损害；秘密级国家秘密是一般的国家秘密，泄露会使国家安全和利益遭受损害。

4.《反不正当竞争法》（2019年4月23日）

第9条　经营者不得实施下列侵犯商业秘密的行为：

（一）以盗窃、贿赂、欺诈、胁迫、电子侵入或者其他不正当手段获取权利人的商业秘密；

（二）披露、使用或者允许他人使用以前项手段获取的权利人的商业秘密；

（三）违反保密义务或者违反权利人有关保守商业秘密的要求，披露、使用或者允许他人使用其所掌握的商业秘密；

（四）教唆、引诱、帮助他人违反保密义务或者违反权利人有关保守商业秘密的要求，获取、披露、使用或者允许他人使用权利人的商业秘密。

经营者以外的其他自然人、法人和非法人组织实施前款所列违法行为的，视为侵犯商业秘密。

第三人明知或者应知商业秘密权利人的员工、前员工或者其他单位、个人实施本条第一款所列违法行为，仍获取、披露、使用或者允许他人使用该商业秘密的，视为侵犯商业秘密。

本法所称的商业秘密，是指不为公众所知悉、具有商业价值并经权利人采取相应保密措施的技术信息、经营信息等商业信息。

● 行政法规及文件

5.《企业财务会计报告条例》（2000 年 6 月 21 日）

第 38 条　接受企业财务会计报告的组织或者个人，在企业财务会计报告未正式对外披露前，应当对其内容保密。

● 部门规章及文件

6.《行政单位财务规则》（2023 年 1 月 28 日）

第 63 条　行政单位应当严格按照《中华人民共和国保守国家秘密法》等法律法规和有关规定，做好涉密事项的财务管理工作。

第三十三条　各单位接受和配合监督检查的义务

> 各单位必须依照有关法律、行政法规的规定，接受有关监督检查部门依法实施的监督检查，如实提供会计凭证、会计账簿、财务会计报告和其他会计资料以及有关情况，不得拒绝、隐匿、谎报。

● 法　律

1.《审计法》（2021年10月23日）

第34条　审计机关有权要求被审计单位按照审计机关的规定提供财务、会计资料以及与财政收支、财务收支有关的业务、管理等资料，包括电子数据和有关文档。被审计单位不得拒绝、拖延、谎报。

被审计单位负责人应当对本单位提供资料的及时性、真实性和完整性负责。

审计机关对取得的电子数据等资料进行综合分析，需要向被审计单位核实有关情况的，被审计单位应当予以配合。

第41条　审计机关履行审计监督职责，可以提请公安、财政、自然资源、生态环境、海关、税务、市场监督管理等机关予以协助。有关机关应当依法予以配合。

第42条　审计机关根据经批准的审计项目计划确定的审计事项组成审计组，并应当在实施审计三日前，向被审计单位送达审计通知书；遇有特殊情况，经县级以上人民政府审计机关负责人批准，可以直接持审计通知书实施审计。

被审计单位应当配合审计机关的工作，并提供必要的工作条件。

审计机关应当提高审计工作效率。

2.《公司法》（2023年12月29日）

第19条　公司从事经营活动，应当遵守法律法规，遵守社会公德、商业道德，诚实守信，接受政府和社会公众的监督。

● 行政法规及文件

3.《总会计师条例》(2011年1月8日)

　　第5条　总会计师组织领导本单位的财务管理、成本管理、预算管理、会计核算和会计监督等方面的工作，参与本单位重要经济问题的分析和决策。

● 部门规章及文件

4.《政府会计准则——基本准则》(2015年10月23日)

　　第5条　政府会计主体应当编制决算报告和财务报告。

　　决算报告的目标是向决算报告使用者提供与政府预算执行情况有关的信息，综合反映政府会计主体预算收支的年度执行结果，有助于决算报告使用者进行监督和管理，并为编制后续年度预算提供参考和依据。政府决算报告使用者包括各级人民代表大会及其常务委员会、各级政府及其有关部门、政府会计主体自身、社会公众和其他利益相关者。

　　财务报告的目标是向财务报告使用者提供与政府的财务状况、运行情况（含运行成本，下同）和现金流量等有关信息，反映政府会计主体公共受托责任履行情况，有助于财务报告使用者作出决策或者进行监督和管理。政府财务报告使用者包括各级人民代表大会常务委员会、债权人、各级政府及其有关部门、政府会计主体自身和其他利益相关者。

　　第13条　政府会计主体提供的会计信息，应当与反映政府会计主体公共受托责任履行情况以及报告使用者决策或者监督、管理的需要相关，有助于报告使用者对政府会计主体过去、现在或者未来的情况作出评价或者预测。

　　第58条　本准则所称预算会计，是指以收付实现制为基础对政府会计主体预算执行过程中发生的全部收入和全部支出进行会计核算，主要反映和监督预算收支执行情况的会计。

第 59 条　本准则所称财务会计，是指以权责发生制为基础对政府会计主体发生的各项经济业务或者事项进行会计核算，主要反映和监督政府会计主体财务状况、运行情况和现金流量等的会计。

5.《财政总会计制度》(2022 年 11 月 18 日)

第七章　会计监督

第 59 条　各级总会计应加强对各项财政业务的核算 管理与会计监督。严格依法办事，对于不合法的会计事项，应及时予以纠正或按程序反映。

第 60 条　各级总会计应加强对预算单位财政资金使用 情况的管理，及时了解掌握有关单位的用款情况，发现问题 及时按程序反映。

第 61 条　各级总会计应自觉接受人民代表大会、审 计、监察部门，以及上级政府财政部门的监督，按规定向人 民代表大会、审计、监察部门以及上级政府财政部门提供有关资料。

● 地方性法规及文件

6.《甘肃省会计管理条例》(2022 年 9 月 23 日　甘肃省人民代表大会常务委员会公告第 133 号)

第 26 条　单位应当依法接受有关部门实施的监督检查，如实提供会计资料以及有关情况，不得拒绝、隐匿、谎报。

第四章 会计机构和会计人员

第三十四条 会计机构和总会计师的设置

各单位应当根据会计业务的需要,依法采取下列一种方式组织本单位的会计工作:

(一) 设置会计机构;

(二) 在有关机构中设置会计岗位并指定会计主管人员;

(三) 委托经批准设立从事会计代理记账业务的中介机构代理记账;

(四) 国务院财政部门规定的其他方式。

国有的和国有资本占控股地位或者主导地位的大、中型企业必须设置总会计师。总会计师的任职资格、任免程序、职责权限由国务院规定。

● 行政法规及文件

1. **《总会计师条例》**(2011年1月8日)

第1条 为了确定总会计师的职权和地位,发挥总会计师在加强经济管理、提高经济效益中的作用,制定本条例。

第2条 全民所有制大、中型企业设置总会计师;事业单位和业务主管部门根据需要,经批准可以设置总会计师。

总会计师的设置、职权、任免和奖惩,依照本条例的规定执行。

第3条 总会计师是单位行政领导成员,协助单位主要行政领导人工作,直接对单位主要行政领导人负责。

第4条 凡设置总会计师的单位,在单位行政领导成员中,不设与总会计师职权重叠的副职。

第5条 总会计师组织领导本单位的财务管理、成本管理、预算管理、会计核算和会计监督等方面的工作，参与本单位重要经济问题的分析和决策。

第6条　总会计师具体组织本单位执行国家有关财经法律、法规、方针、政策和制度，保护国家财产。

总会计师的职权受国家法律保护。单位主要行政领导人应当支持并保障总会计师依法行使职权。

第7条　总会计师负责组织本单位的下列工作：

（一）编制和执行预算、财务收支计划、信贷计划，拟订资金筹措和使用方案，开辟财源，有效地使用资金；

（二）进行成本费用预测、计划、控制、核算、分析和考核，督促本单位有关部门降低消耗、节约费用、提高经济效益；

（三）建立、健全经济核算制度，利用财务会计资料进行经济活动分析；

（四）承办单位主要行政领导人交办的其他工作。

第8条　总会计师负责对本单位财会机构的设置和会计人员的配备、会计专业职务的设置和聘任提出方案；组织会计人员的业务培训和考核；支持会计人员依法行使职权。

第9条　总会计师协助单位主要行政领导人对企业的生产经营、行政事业单位的业务发展以及基本建设投资等问题作出决策。

总会计师参与新产品开发、技术改造、科技研究、商品（劳务）价格和工资奖金等方案的制定；参与重大经济合同和经济协议的研究、审查。

第10条　总会计师对违反国家财经法律、法规、方针、政策、制度和有可能在经济上造成损失、浪费的行为，有权制止或者纠正。制止或者纠正无效时，提请单位主要行政领导人处理。

单位主要行政领导人不同意总会计师对前款行为的处理意见的，总会计师应当依照《中华人民共和国会计法》的有关规定执行。

第 11 条 总会计师有权组织本单位各职能部门、直属基层组织的经济核算、财务会计和成本管理方面的工作。

第 12 条 总会计师主管审批财务收支工作。除一般的财务收支可以由总会计师授权的财会机构负责人或者其他指定人员审批外，重大的财务收支，须经总会计师审批或者由总会计师报单位主要行政领导人批准。

第 13 条 预算、财务收支计划、成本和费用计划、信贷计划、财务专题报告、会计决算报表，须经总会计师签署。

涉及财务收支的重大业务计划、经济合同、经济协议等，在单位内部须经总会计师会签。

第 14 条 会计人员的任用、晋升、调动、奖惩，应当事先征求总会计师的意见。财会机构负责人或者会计主管人员的人选，应当由总会计师进行业务考核，依照有关规定审批。

● 部门规章及文件

2.《会计基础工作规范》（2019 年 3 月 14 日）

第 6 条 各单位应当根据会计业务的需要设置会计机构；不具备单独设置会计机构条件的，应当在有关机构中配备专职会计人员。

事业行政单位会计机构的设置和会计人员的配备，应当符合国家统一事业行政单位会计制度的规定。

设置会计机构，应当配备会计机构负责人；在有关机构中配备专职会计人员，应当在专职会计人员中指定会计主管人员。

会计机构负责人、会计主管人员的任免，应当符合《中华人民共和国会计法》和有关法律的规定。

第 8 条 没有设置会计机构或者配备会计人员的单位，应当根据《代理记账管理办法》的规定，委托会计师事务所或者持有代理记账许可证书的代理记账机构进行代理记账。

第9条 大、中型企业、事业单位、业务主管部门应当根据法律和国家有关规定设置总会计师。总会计师由具有会计师以上专业技术资格的人员担任。

总会计师行使《总会计师条例》规定的职责、权限。

总会计师的任命（聘任）、免职（解聘）依照《总会计师条例》和有关法律的规定办理。

第11条 各单位应当根据会计业务需要设置会计工作岗位。

会计工作岗位一般可分为：会计机构负责人或者会计主管人员，出纳，财产物资核算，工资核算，成本费用核算，财务成果核算，资金核算，往来结算，总帐报表，稽核，档案管理等。开展会计电算化和管理会计的单位，可以根据需要设置相应工作岗位，也可以与其他工作岗位相结合。

第12条 会计工作岗位，可以一人一岗、一人多岗或者一岗多人。但出纳人员不得兼管稽核、会计档案保管和收入、费用、债权债务帐目的登记工作。

第13条 会计人员的工作岗位应当有计划地进行轮换。

第16条 国家机关、国有企业、事业单位任用会计人员应当实行回避制度。

单位领导人的直系亲属不得担任本单位的会计机构负责人、会计主管人员。会计机构负责人、会计主管人员的直系亲属不得在本单位会计机构中担任出纳工作。

需要回避的直系亲属为：夫妻关系、直系血亲关系、三代以内旁系血亲以及配偶亲关系。

第85条 各单位应当建立内部会计管理体系。主要内容包括：单位领导人、总会计师对会计工作的领导职责；会计部门及其会计机构负责人、会计主管人员的职责、权限；会计部门与其他职能部门的关系；会计核算的组织形式等。

第86条 各单位应当建立会计人员岗位责任制度。主要内容包括：会计人员的工作岗位设置；各会计工作岗位的职责和标准；各会计工作岗位的人员和具体分工；会计工作岗位轮换办法；对各会计工作岗位的考核办法。

3. 《财政总会计制度》（2022年11月18日）

第1条 为加强财政预算管理，提升国家财政治理效能，规范各级政府财政总会计（以下简称总会计）核算，保证会计信息质量，充分发挥总会计的职能作用，根据《中华人民共和国会计法》《中华人民共和国预算法》《中华人民共和国预算法实施条例》及政府会计准则等法律、行政法规和规章，制定本制度。

第2条 本制度适用于中央，省、自治区、直辖市及新疆生产建设兵团，设区的市、自治州，县、自治县、不设区的市、市辖区，乡、民族乡、镇等各级政府财政部门总会计。

第3条 总会计是各级政府财政核算、反映、监督一般公共预算资金、政府性基金预算资金、国有资本经营预算资金、社会保险基金预算资金以及财政专户管理资金、专用基金和代管资金等资金有关的经济活动或事项的专业会计。

社会保险基金预算资金会计核算不适用本制度，由财政部另行规定。

第4条 总会计的职责主要包括：

（一）进行会计核算。办理政府财政各项预算收支、资产负债以及财政运行的会计核算工作，反映政府财政预算执行情况、财务状况、运行情况和现金流量等。

（二）严格财政资金收付调度管理。组织办理财政资金的收付、调拨，在确保资金安全性、规范性、流动性前提下，合理调度管理资金，提高资金使用效益。

（三）规范账户管理。加强对国库单一账户、财政专户、零余额账户和预算单位银行账户等的管理。

（四）实行会计监督，参与预算管理和财务管理。通过会计核算和反映，进行预算执行情况、财务状况、运行情况和现金流量情况分析，并对财政、部门及其所属单位的预算执行和财务管理情况实行会计监督。

（五）协调预算收入征收部门、国家金库、国库集中收付代理银行、财政专户开户银行和其他有关部门之间的业务关系。

（六）组织本地区财政总决算、部门决算、政府财务报告编审和汇总工作。

（七）组织和指导下级财政总会计工作。

第5条 各级政府财政部门应当根据工作需要，配备一定数量的专职会计人员，负责总会计工作，并保持相对稳定。

第6条 总会计应当根据政府会计准则（包括基本准则和具体准则）规定的原则和本制度的要求，对其发生的各项经济业务或事项进行会计核算。

第三十五条　机构内部稽核制度和出纳人员工作岗位制度

会计机构内部应当建立稽核制度。

出纳人员不得兼任稽核、会计档案保管和收入、支出、费用、债权债务账目的登记工作。

● 法　律

1.《商业银行法》(2015年8月29日)

第60条 商业银行应当建立、健全本行对存款、贷款、结算、呆账等各项情况的稽核、检查制度。

商业银行对分支机构应当进行经常性的稽核和检查监督。

2.《证券投资基金法》(2015年4月24日)

第13条 设立管理公开募集基金的基金管理公司，应当具备下列条件，并经国务院证券监督管理机构批准：

（一）有符合本法和《中华人民共和国公司法》规定的章程；

（二）注册资本不低于一亿元人民币，且必须为实缴货币资本；

（三）主要股东应当具有经营金融业务或者管理金融机构的良好业绩、良好的财务状况和社会信誉，资产规模达到国务院规定的标准，最近三年没有违法记录；

（四）取得基金从业资格的人员达到法定人数；

（五）董事、监事、高级管理人员具备相应的任职条件；

（六）有符合要求的营业场所、安全防范设施和与基金管理业务有关的其他设施；

（七）有良好的内部治理结构、完善的内部稽核监控制度、风险控制制度；

（八）法律、行政法规规定的和经国务院批准的国务院证券监督管理机构规定的其他条件。

第24条 公开募集基金的基金管理人违法违规，或者其内部治理结构、稽核监控和风险控制管理不符合规定的，国务院证券监督管理机构应当责令其限期改正；逾期未改正，或者其行为严重危及该基金管理人的稳健运行、损害基金份额持有人合法权益的，国务院证券监督管理机构可以区别情形，对其采取下列措施：

（一）限制业务活动，责令暂停部分或者全部业务；

（二）限制分配红利，限制向董事、监事、高级管理人员支付报酬、提供福利；

（三）限制转让固有财产或者在固有财产上设定其他权利；

（四）责令更换董事、监事、高级管理人员或者限制其权利；

（五）责令有关股东转让股权或者限制有关股东行使股东权利。

公开募集基金的基金管理人整改后，应当向国务院证券监督管理机构提交报告。国务院证券监督管理机构经验收，符合有关要求的，应当自验收完毕之日起三日内解除对其采取的有关措施。

第33条 担任基金托管人，应当具备下列条件：

（一）净资产和风险控制指标符合有关规定；

（二）设有专门的基金托管部门；

（三）取得基金从业资格的专职人员达到法定人数；

（四）有安全保管基金财产的条件；

（五）有安全高效的清算、交割系统；

（六）有符合要求的营业场所、安全防范设施和与基金托管业务有关的其他设施；

（七）有完善的内部稽核监控制度和风险控制制度；

（八）法律、行政法规规定的和经国务院批准的国务院证券监督管理机构、国务院银行业监督管理机构规定的其他条件。

3.《中国人民银行法》（2003年12月27日）

第37条 中国人民银行应当建立、健全本系统的稽核、检查制度，加强内部的监督管理。

● 部门规章及文件

4.《会计基础工作规范》（2019年3月14日）

第11条 各单位应当根据会计业务需要设置会计工作岗位。

会计工作岗位一般可分为：会计机构负责人或者会计主管人员，出纳，财产物资核算，工资核算，成本费用核算，财务成果核算，资金核算，往来结算，总帐报表，稽核，档案管理等。开展会计电算化和管理会计的单位，可以根据需要设置相应工作岗位，也可以与其他工作岗位相结合。

第12条 会计工作岗位，可以一人一岗、一人多岗或者一岗多人。但出纳人员不得兼管稽核、会计档案保管和收入、费用、债权债务帐目的登记工作。

第 88 条　各单位应当建立内部牵制制度。主要内容包括：内部牵制制度的原则；组织分工；出纳岗位的职责和限制条件；有关岗位的职责和权限。

第 89 条　各单位应当建立稽核制度。主要内容包括：稽核工作的组织形式和具体分工；稽核工作的职责、权限；审核会计凭证和复核会计帐簿、会计报表的方法。

● 地方性法规及文件

5.《陕西省会计管理条例》（2019 年 7 月 31 日　陕西省第十三届人民代表大会常务委员会第 23 号公告）

第 7 条　单位应当根据法律、法规和国家统一的会计制度，建立和实施内部会计管理制度，完善会计机构内部稽核制度。

单位会计、出纳不得由一人担任。出纳不得兼任稽核、会计档案保管和收入、支出、费用、债权、债务账簿的登记工作。

单位在金融机构预留印鉴的印章不得由一人保管和使用。

第三十六条　会计人员从业资格

会计人员应当具备从事会计工作所需要的专业能力。

担任单位会计机构负责人（会计主管人员）的，应当具备会计师以上专业技术职务资格或者从事会计工作三年以上经历。

本法所称会计人员的范围由国务院财政部门规定。

● 法　律

1.《注册会计师法》（2014 年 8 月 31 日）

第 7 条　国家实行注册会计师全国统一考试制度。注册会计师全国统一考试办法，由国务院财政部门制定，由中国注册会计师协会组织实施。

第 8 条　具有高等专科以上学校毕业的学历、或者具有会计或者相关专业中级以上技术职称的中国公民，可以申请参加注册会计师全国统一考试；具有会计或者相关专业高级技术职称的人员，可以免予部分科目的考试。

第9条　参加注册会计师全国统一考试成绩合格，并从事审计业务工作二年以上的，可以向省、自治区、直辖市注册会计师协会申请注册。

除本法第十条所列情形外，受理申请的注册会计师协会应当准予注册。

第10条　有下列情形之一的，受理申请的注册会计师协会不予注册：

（一）不具有完全民事行为能力的；

（二）因受刑事处罚，自刑罚执行完毕之日起至申请注册之日止不满五年的；

（三）因在财务、会计、审计、企业管理或者其他经济管理工作中犯有严重错误受行政处罚、撤职以上处分，自处罚、处分决定之日起至申请注册之日止不满二年的；

（四）受吊销注册会计师证书的处罚，自处罚决定之日起至申请注册之日止不满五年的；

（五）国务院财政部门规定的其他不予注册的情形的。

第11条　注册会计师协会应当将准予注册的人员名单报国务院财政部门备案。国务院财政部门发现注册会计师协会的注册不符合本法规定的，应当通知有关的注册会计师协会撤销注册。

注册会计师协会依照本法第十条的规定不予注册的，应当自决定之日起十五日内书面通知申请人。申请人有异议的，可以自收到通知之日起十五日内向国务院财政部门或者省、自治区、直辖市人民政府财政部门申请复议。

第12条　准予注册的申请人，由注册会计师协会发给国务院财政部门统一制定的注册会计师证书。

第13条 已取得注册会计师证书的人员,除本法第十一条第一款规定的情形外,注册后有下列情形之一的,由准予注册的注册会计师协会撤销注册,收回注册会计师证书:

(一)完全丧失民事行为能力的;

(二)受刑事处罚的;

(三)因在财务、会计、审计、企业管理或者其他经济管理工作中犯有严重错误受行政处罚、撤职以上处分的;

(四)自行停止执行注册会计师业务满一年的。

被撤销注册的当事人有异议的,可以自接到撤销注册、收回注册会计师证书的通知之日起十五日内向国务院财政部门或者省、自治区、直辖市人民政府财政部门申请复议。

依照第一款规定被撤销注册的人员可以重新申请注册,但必须符合本法第九条、第十条的规定。

● 行政法规及文件

2.《总会计师条例》(2011年1月8日)

第16条 总会计师必须具备下列条件:

(一)坚持社会主义方向,积极为社会主义建设和改革开放服务;

(二)坚持原则,廉洁奉公;

(三)取得会计师任职资格后,主管一个单位或者单位内一个重要方面的财务会计工作时间不少于3年;

(四)有较高的理论政策水平,熟悉国家财经法律、法规、方针、政策和制度,掌握现代化管理的有关知识;

(五)具备本行业的基本业务知识,熟悉行业情况,有较强的组织领导能力;

(六)身体健康,能胜任本职工作。

● 部门规章及文件

3.《会计基础工作规范》(2019 年 3 月 14 日)

第 7 条 会计机构负责人、会计主管人员应当具备下列基本条件:

(一)坚持原则,廉洁奉公;

(二)具备会计师以上专业技术职务资格或者从事会计工作不少于三年;

(三)熟悉国家财经法律、法规、规章和方针、政策,掌握本行业业务管理的有关知识;

(四)有较强的组织能力;

(五)身体状况能够适应本职工作的要求。

第 9 条 大、中型企业、事业单位、业务主管部门应当根据法律和国家有关规定设置总会计师。总会计师由具有会计师以上专业技术资格的人员担任。

总会计师行使《总会计师条例》规定的职责、权限。

总会计师的任命(聘任)、免职(解聘)依照《总会计师条例》和有关法律的规定办理。

第 14 条 会计人员应当具备必要的专业知识和专业技能,熟悉国家有关法律、法规、规章和国家统一会计制度,遵守职业道德。

会计人员应当按照国家有关规定参加会计业务的培训。各单位应当合理安排会计人员的培训,保证会计人员每年有一定时间用于学习和参加培训。

第三十七条 会计人员的教育和培训

会计人员应当遵守职业道德,提高业务素质,严格遵守国家有关保密规定。对会计人员的教育和培训工作应当加强。

● 法　律

1. 《注册会计师法》(2014 年 8 月 31 日)

第 7 条　国家实行注册会计师全国统一考试制度。注册会计师全国统一考试办法，由国务院财政部门制定，由中国注册会计师协会组织实施。

第 8 条　具有高等专科以上学校毕业的学历、或者具有会计或者相关专业中级以上技术职称的中国公民，可以申请参加注册会计师全国统一考试；具有会计或者相关专业高级技术职称的人员，可以免予部分科目的考试。

第 9 条　参加注册会计师全国统一考试成绩合格，并从事审计业务工作二年以上的，可以向省、自治区、直辖市注册会计师协会申请注册。

除有本法第十条所列情形外，受理申请的注册会计师协会应当准予注册。

● 部门规章及文件

2. 《会计基础工作规范》(2019 年 3 月 14 日)

第 10 条　各单位应当根据会计业务需要配备会计人员，督促其遵守职业道德和国家统一的会计制度。

第 14 条　会计人员应当具备必要的专业知识和专业技能，熟悉国家有关法律、法规、规章和国家统一会计制度，遵守职业道德。

会计人员应当按照国家有关规定参加会计业务的培训。各单位应当合理安排会计人员的培训，保证会计人员每年有一定时间用于学习和参加培训。

第 17 条　会计人员在会计工作中应当遵守职业道德，树立良好的职业品质、严谨的工作作风，严守工作纪律，努力提高工作效率和工作质量。

第 24 条　财政部门、业务主管部门和各单位应当定期检查会计人员遵守职业道德的情况，并作为会计人员晋升、晋级、聘任专业职务、表彰奖励的重要考核依据。

会计人员违反职业道德的，由所在单位进行处理。

3. 《企业财务通则》（2006 年 12 月 4 日）

第 44 条　企业为职工缴纳住房公积金以及职工住房货币化分配的财务处理，按照国家有关规定执行。

职工教育经费按照国家规定的比例提取，专项用于企业职工后续职业教育和职业培训。

工会经费按照国家规定比例提取并拨缴工会。

4. 《会计专业技术人员继续教育规定》（2018 年 7 月 1 日）

第 2 条　国家机关、企业、事业单位以及社会团体等组织（以下称单位）具有会计专业技术资格的人员，或不具有会计专业技术资格但从事会计工作的人员（以下简称会计专业技术人员）继续教育，适用本规定。

第 3 条　会计专业技术人员继续教育应当紧密结合经济社会和会计行业发展要求，以能力建设为核心，突出针对性、实用性、兼顾系统性、前瞻性，为经济社会和会计行业发展提供人才保证和智力支持。

第 4 条　会计专业技术人员继续教育工作应当遵循下列基本原则：

（一）以人为本，按需施教。会计专业技术人员继续教育面向会计专业技术人员，引导会计专业技术人员更新知识、拓展技能，完善知识结构、全面提高素质。

（二）突出重点，提高能力。把握会计行业发展趋势和会计专业技术人员从业基本要求，引导会计专业技术人员树立诚信理念、提高职业道德和业务素质，全面提升专业胜任能力。

（三）加强指导，创新机制。统筹教育资源，引导社会力量参与继续教育，不断丰富继续教育内容，创新继续教育方式，提高继续教育质量，形成政府部门规划指导、社会力量积极参与、用人单位支持配合的会计专业技术人员继续教育新格局。

第 5 条　用人单位应当保障本单位会计专业技术人员参加继续教育的权利。

会计专业技术人员享有参加继续教育的权利和接受继续教育的义务。

第 6 条　具有会计专业技术资格的人员应当自取得会计专业技术资格的次年开始参加继续教育，并在规定时间内取得规定学分。

不具有会计专业技术资格但从事会计工作的人员应当自从事会计工作的次年开始参加继续教育，并在规定时间内取得规定学分。

● 地方性法规及文件

5.《陕西省会计管理条例》（2019 年 7 月 31 日　陕西省第十三届人民代表大会常务委员会第 23 号公告）

第 15 条　单位应当支持和鼓励本单位的会计人员通过多种方式参加继续教育，保证学习时间，提供必要的学习条件。

会计人员接受继续教育的情况作为会计从业资格检查登记、职称评审、聘任和奖励的依据之一。

第三十八条　不得从事会计工作的情形

因有提供虚假财务会计报告，做假账，隐匿或者故意销毁会计凭证、会计账簿、财务会计报告，贪污，挪用公款，职务侵占等与会计职务有关的违法行为被依法追究刑事责任的人员，不得再从事会计工作。

● 法　律

1. 《注册会计师法》（2014年8月31日）

　　第39条　会计师事务所违反本法第二十条、第二十一条规定的，由省级以上人民政府财政部门给予警告，没收违法所得，可以并处违法所得一倍以上五倍以下的罚款；情节严重的，并可以由省级以上人民政府财政部门暂停其经营业务或者予以撤销。

　　注册会计师违反本法第二十条、第二十一条规定的，由省级以上人民政府财政部门给予警告；情节严重的，可以由省级以上人民政府财政部门暂停其执行业务或者吊销注册会计师证书。

　　会计师事务所、注册会计师违反本法第二十条、第二十一条的规定，故意出具虚假的审计报告、验资报告，构成犯罪的，依法追究刑事责任。

2. 《刑法》（2023年12月29日）

　　第162条之一　隐匿或者故意销毁依法应当保存的会计凭证、会计帐簿、财务会计报告，情节严重的，处五年以下有期徒刑或者拘役，并处或者单处二万元以上二十万元以下罚金。

　　单位犯前款罪的，对单位判处罚金，并对其直接负责的主管人员和其他直接责任人员，依照前款的规定处罚。

● 行政法规及文件

3. 《企业财务会计报告条例》（2000年6月21日）

　　第41条　授意、指使、强令会计机构、会计人员及其他人员编制、对外提供虚假的或者隐瞒重要事实的财务会计报告，或者隐匿、故意销毁依法应当保存的财务会计报告，构成犯罪的，依法追究刑事责任；尚不构成犯罪的，可以处5000元以上5万元以下的罚款；属于国家工作人员的，并依法给予降级、撤职、开除的行政处分或者纪律处分。

● 案例指引

房某、宜昌某运输股份有限公司劳动合同纠纷案〔（2021）鄂 05 民终 3124 号〕①

　　裁判摘要：在从事会计工作中犯职务侵占罪被追究刑事责任的，均属于有关人员继续从事会计工作的重大阻碍性事项，劳动者在与用人单位协商签订以会计工作为主要工作内容的劳动合同时，应本着诚实信用原则如实向用人单位告知有关情况；在从事会计工作中犯职务侵占罪被追究刑事责任的，自 2017 年 11 月 4 日起，被规定为有关人员继续从事会计工作的禁止性事项。

第三十九条　会计工作交接

　　会计人员调动工作或者离职，必须与接管人员办清交接手续。

　　一般会计人员办理交接手续，由会计机构负责人（会计主管人员）监交；会计机构负责人（会计主管人员）办理交接手续，由单位负责人监交，必要时主管单位可以派人会同监交。

● 部门规章及文件

1. 《会计基础工作规范》（2019 年 3 月 14 日）

　　第 25 条　会计人员工作调动或者因故离职，必须将本人所经管的会计工作全部移交给接替人员。没有办清交接手续的，不得调动或者离职。

　　第 26 条　接替人员应当认真接管移交工作，并继续办理移交的未了事项。

　　第 27 条　会计人员办理移交手续前，必须及时做好以下

---

① 本案例选自中国裁判文书网，最后访问时间：2024 年 7 月 2 日。

工作：

（一）已经受理的经济业务尚未填制会计凭证的，应当填制完毕。

（二）尚未登记的帐目，应当登记完毕，并在最后一笔余额后加盖经办人员印章。

（三）整理应该移交的各项资料，对未了事项写出书面材料。

（四）编制移交清册，列明应当移交的会计凭证、会计帐簿、会计报表、印章、现金、有价证券、支票簿、发票、文件、其他会计资料和物品等内容；实行会计电算化的单位，从事该项工作的移交人员还应当在移交清册中列明会计软件及密码、会计软件数据磁盘（磁带等）及有关资料、实物等内容。

第28条 会计人员办理交接手续，必须有监交人负责监交。一般会计人员交接，由单位会计机构负责人、会计主管人员负责监交；会计机构负责人、会计主管人员交接，由单位领导人负责监交，必要时可由上级主管部门派人会同监交。

第29条 移交人员在办理移交时，要按移交清册逐项移交；接替人员要逐项核对点收。

（一）现金、有价证券要根据会计帐簿有关记录进行点交。库存现金、有价证券必须与会计帐簿记录保持一致。不一致时，移交人员必须限期查清。

（二）会计凭证、会计帐簿、会计报表和其他会计资料必须完整无缺。如有短缺，必须查清原因，并在移交清册中注明，由移交人员负责。

（三）银行存款帐户余额要与银行对帐单核对，如不一致，应当编制银行存款余额调节表调节相符，各种财产物资和债权债务的明细帐户余额要与总帐有关帐户余额核对相符；必要时，要抽查个别帐户的余额，与实物核对相符，或者与往来单位、个人核对清楚。

(四）移交人员经管的票据、印章和其他实物等，必须交接清楚；移交人员从事会计电算化工作的，要对有关电子数据在实际操作状态下进行交接。

第30条　会计机构负责人、会计主管人员移交时，还必须将全部财务会计工作、重大财务收支和会计人员的情况等，向接替人员详细介绍。对需要移交的遗留问题，应当写出书面材料。

第31条　交接完毕后，交接双方和监交人员要在移交注册上签名或者盖章。并应在移交注册上注明：单位名称，交接日期，交接双方和监交人员的职务、姓名，移交清册页数以及需要说明的问题和意见等。

移交清册一般应当填制一式三份，交接双方各执一份，存档一份。

第32条　接替人员应当继续使用移交的会计帐簿，不得自行另立新帐，以保持会计记录的连续性。

第33条　会计人员临时离职或者因病不能工作且需要接替或者代理的，会计机构负责人、会计主管人员或者单位领导人必须指定有关人员接替或者代理，并办理交接手续。

临时离职或者因病不能工作的会计人员恢复工作的，应当与接替或者代理人员办理交接手续。

移交人员因病或者其他特殊原因不能亲自办理移交的，经单位领导人批准，可由移交人员委托他人代办移交，但委托人应当承担本规范第三十五条规定的责任。

第34条　单位撤销时，必须留有必要的会计人员，会同有关人员办理清理工作，编制决算。未移交前，不得离职。接收单位和移交日期由主管部门确定。

单位合并、分立的，其会计工作交接手续比照上述有关规定办理。

第35条　移交人员对所移交的会计凭证、会计帐簿、会计报表和其他有关资料的合法性、真实性承担法律责任。

2.《行政单位财务规则》（2023年1月28日）

第51条 划转撤并的行政单位的资产和负债经主管预算单位审核并上报财政部门和有关部门批准后，分别按照下列规定处理：

（一）转为事业单位和改变隶属关系的行政单位，其资产和负债无偿移交，并相应调整、划转经费指标。

（二）转为企业的行政单位，其资产按照有关规定进行评估作价并扣除负债后，转作企业的国有资本。

（三）撤销的行政单位，其全部资产和负债由财政部门或者财政部门授权的单位处理。

（四）合并的行政单位，其全部资产和负债移交接收单位或者新组建单位，并相应划转经费指标；合并后多余的资产，由财政部门或者财政部门授权的单位处理。

（五）分立的行政单位，其资产和负债按照有关规定移交分立后的行政单位，并相应划转经费指标。

3.《事业单位财务规则》（2022年1月7日）

第54条 事业单位清算结束后，经主管部门审核并报财政部门批准，其资产和负债分别按照下列办法处理：

（一）因隶属关系改变，成建制划转的事业单位，全部资产和负债无偿移交，并相应划转经费指标。

（二）转为企业的事业单位，全部资产扣除负债后，转作国家资本金。

（三）撤销的事业单位，全部资产和负债由主管部门和财政部门核准处理。

（四）合并的事业单位，全部资产和负债移交接收单位或者新组建单位，合并后多余的资产由主管部门和财政部门核准处理。

（五）分立的事业单位，全部资产和负债按照有关规定移交分立后的事业单位，并相应划转经费指标。

第五章　法律责任

第四十条　违反会计制度的责任

违反本法规定，有下列行为之一的，由县级以上人民政府财政部门责令限期改正，给予警告、通报批评，对单位可以并处二十万元以下的罚款，对其直接负责的主管人员和其他直接责任人员可以处五万元以下的罚款；情节严重的，对单位可以并处二十万元以上一百万元以下的罚款，对其直接负责的主管人员和其他直接责任人员可以处五万元以上五十万元以下的罚款；属于公职人员的，还应当依法给予处分：

（一）不依法设置会计账簿的；

（二）私设会计账簿的；

（三）未按照规定填制、取得原始凭证或者填制、取得的原始凭证不符合规定的；

（四）以未经审核的会计凭证为依据登记会计账簿或者登记会计账簿不符合规定的；

（五）随意变更会计处理方法的；

（六）向不同的会计资料使用者提供的财务会计报告编制依据不一致的；

（七）未按照规定使用会计记录文字或者记账本位币的；

（八）未按照规定保管会计资料，致使会计资料毁损、灭失的；

（九）未按照规定建立并实施单位内部会计监督制度或者拒绝依法实施的监督或者不如实提供有关会计资料及有关情况的；

（十）任用会计人员不符合本法规定的。

有前款所列行为之一，构成犯罪的，依法追究刑事责任。

会计人员有第一款所列行为之一，情节严重的，五年内不得从事会计工作。

有关法律对第一款所列行为的处罚另有规定的，依照有关法律的规定办理。

● 法　律

1. 《注册会计师法》（2014年8月31日）

第10条　有下列情形之一的，受理申请的注册会计师协会不予注册：

（一）不具有完全民事行为能力的；

（二）因受刑事处罚，自刑罚执行完毕之日起至申请注册之日止不满五年的；

（三）因在财务、会计、审计、企业管理或者其他经济管理工作中犯有严重错误受行政处罚、撤职以上处分，自处罚、处分决定之日起至申请注册之日止不满二年的；

（四）受吊销注册会计师证书的处罚，自处罚决定之日起至申请注册之日止不满五年的；

（五）国务院财政部门规定的其他不予注册的情形。

第13条　已取得注册会计师证书的人员，除本法第十一条第一款规定的情形外，注册后有下列情形之一的，由准予注册的注册会计师协会撤销注册，收回注册会计师证书：

（一）完全丧失民事行为能力的；

(二) 受刑事处罚的;

(三) 因在财务、会计、审计、企业管理或者其他经济管理工作中犯有严重错误受行政处罚、撤职以上处分的;

(四) 自行停止执行注册会计师业务满一年的。

被撤销注册的当事人有异议的,可以自接到撤销注册、收回注册会计师证书的通知之日起十五日内向国务院财政部门或者省、自治区、直辖市人民政府财政部门申请复议。

依照第一款规定被撤销注册的人员可以重新申请注册,但必须符合本法第九条、第十条的规定。

第39条 会计师事务所违反本法第二十条、第二十一条规定的,由省级以上人民政府财政部门给予警告,没收违法所得,可以并处违法所得一倍以上五倍以下的罚款;情节严重的,并可以由省级以上人民政府财政部门暂停其经营业务或者予以撤销。

注册会计师违反本法第二十条、第二十一条规定的,由省级以上人民政府财政部门给予警告;情节严重的,可以由省级以上人民政府财政部门暂停其执行业务或者吊销注册会计师证书。

会计师事务所、注册会计师违反本法第二十条、第二十一条的规定,故意出具虚假的审计报告、验资报告,构成犯罪的,依法追究刑事责任。

● 行政法规及文件

2.《企业财务会计报告条例》(2000年6月21日)

第39条 违反本条例规定,有下列行为之一的,由县级以上人民政府财政部门责令限期改正,对企业可以处3000元以上5万元以下的罚款;对直接负责的主管人员和其他直接责任人员,可以处2000元以上2万元以下的罚款;属于国家工作人员的,并依法给予行政处分或者纪律处分:

(一) 随意改变会计要素的确认和计量标准的;

（二）随意改变财务会计报告的编制基础、编制依据、编制原则和方法的；

（三）提前或者延迟结账日结账的；

（四）在编制年度财务会计报告前，未按照本条例规定全面清查资产、核实债务的；

（五）拒绝财政部门和其他有关部门对财务会计报告依法进行的监督检查，或者不如实提供有关情况的。

会计人员有前款所列行为之一，情节严重的，由县级以上人民政府财政部门吊销会计从业资格证书。

● 地方性法规及文件

3. 《甘肃省会计管理条例》（2022年9月23日 甘肃省人民代表大会常务委员会公告第133号）

第24条 县级以上人民政府财政部门依法对单位的以下事项进行监督：

（一）是否建立健全内部控制制度并有效实施；

（二）从事会计工作的人员是否具备专业能力、遵守职业道德；

（三）是否依法设置会计账簿；

（四）会计凭证、会计账簿、财务会计报告和其他会计资料是否真实、完整；

（五）会计核算是否符合法律、行政法规和国家统一的会计制度的规定；

（六）法律法规规定的其他应当监督的事项。

> 第四十一条　伪造、变造会计资料的责任
>
> 　　伪造、变造会计凭证、会计账簿，编制虚假财务会计报告，隐匿或者故意销毁依法应当保存的会计凭证、会计账簿、财务会计报告的，由县级以上人民政府财政部门责令限期改正，给予警告、通报批评，没收违法所得，违法所得二十万元以上的，对单位可以并处违法所得一倍以上十倍以下的罚款，没有违法所得或者违法所得不足二十万元的，可以并处二十万元以上二百万元以下的罚款；对其直接负责的主管人员和其他直接责任人员可以处十万元以上五十万元以下的罚款，情节严重的，可以处五十万元以上二百万元以下的罚款；属于公职人员的，还应当依法给予处分；其中的会计人员，五年内不得从事会计工作；构成犯罪的，依法追究刑事责任。

● 法　律

1. 《刑法》（2023 年 12 月 29 日）

　　第 161 条　依法负有信息披露义务的公司、企业向股东和社会公众提供虚假的或者隐瞒重要事实的财务会计报告，或者对依法应当披露的其他重要信息不按照规定披露，严重损害股东或者其他人利益，或者有其他严重情节的，对其直接负责的主管人员和其他直接责任人员，处五年以下有期徒刑或者拘役，并处或者单处罚金；情节特别严重的，处五年以上十年以下有期徒刑，并处罚金。

　　前款规定的公司、企业的控股股东、实际控制人实施或者组织、指使实施前款行为的，或者隐瞒相关事项导致前款规定的情形发生的，依照前款的规定处罚。

　　犯前款罪的控股股东、实际控制人是单位的，对单位判处罚金，并对其直接负责的主管人员和其他直接责任人员，依照第一

款的规定处罚。

第162条 公司、企业进行清算时，隐匿财产，对资产负债表或者财产清单作虚伪记载或者在未清偿债务前分配公司、企业财产，严重损害债权人或者其他人利益的，对其直接负责的主管人员和其他直接责任人员，处五年以下有期徒刑或者拘役，并处或者单处二万元以上二十万元以下罚金。

第229条 承担资产评估、验资、验证、会计、审计、法律服务、保荐、安全评价、环境影响评价、环境监测等职责的中介组织的人员故意提供虚假证明文件，情节严重的，处五年以下有期徒刑或者拘役，并处罚金；有下列情形之一的，处五年以上十年以下有期徒刑，并处罚金：

（一）提供与证券发行相关的虚假的资产评估、会计、审计、法律服务、保荐等证明文件，情节特别严重的；

（二）提供与重大资产交易相关的虚假的资产评估、会计、审计等证明文件，情节特别严重的；

（三）在涉及公共安全的重大工程、项目中提供虚假的安全评价、环境影响评价等证明文件，致使公共财产、国家和人民利益遭受特别重大损失的。

有前款行为，同时索取他人财物或者非法收受他人财物构成犯罪，依照处罚较重的规定定罪处罚。

第一款规定的人员，严重不负责任，出具的证明文件有重大失实，造成严重后果的，处三年以下有期徒刑或者拘役，并处或者单处罚金。

2.《注册会计师法》(2014年8月31日)

第39条 会计师事务所违反本法第二十条、第二十一条规定的，由省级以上人民政府财政部门给予警告，没收违法所得，可以并处违法所得一倍以上五倍以下的罚款；情节严重的，并可以由省级以上人民政府财政部门暂停其经营业务或者予以撤销。

注册会计师违反本法第二十条、第二十一条规定的，由省级以上人民政府财政部门给予警告；情节严重的，可以由省级以上人民政府财政部门暂停其执行业务或者吊销注册会计师证书。

会计师事务所、注册会计师违反本法第二十条、第二十一条的规定，故意出具虚假的审计报告、验资报告，构成犯罪的，依法追究刑事责任。

● 行政法规及文件

3.《企业财务会计报告条例》（2000年6月21日）

第3条 企业不得编制和对外提供虚假的或者隐瞒重要事实的财务会计报告。

企业负责人对本企业财务会计报告的真实性、完整性负责。

第4条 任何组织或者个人不得授意、指使、强令企业编制和对外提供虚假的或者隐瞒重要事实的财务会计报告。

第40条 企业编制、对外提供虚假的或者隐瞒重要事实的财务会计报告，构成犯罪的，依法追究刑事责任。

有前款行为，尚不构成犯罪的，由县级以上人民政府财政部门予以通报，对企业可以处5000元以上10万元以下的罚款；对直接负责的主管人员和其他直接责任人员，可以处3000元以上5万元以下的罚款；属于国家工作人员的，并依法给予撤职直至开除的行政处分或者纪律处分；对其中的会计人员，情节严重的，并由县级以上人民政府财政部门吊销会计从业资格证书。

第41条 授意、指使、强令会计机构、会计人员及其他人员编制、对外提供虚假的或者隐瞒重要事实的财务会计报告，或者隐匿、故意销毁依法应当保存的财务会计报告，构成犯罪的，依法追究刑事责任；尚不构成犯罪的，可以处5000元以上5万元以下的罚款；属于国家工作人员的，并依法给予降级、撤职、开除的行政处分或者纪律处分。

● 部门规章及文件

4. 《会计基础工作规范》（2019年3月14日）

　　第42条　会计凭证、会计帐簿、会计报表和其他会计资料的内容和要求必须符合国家统一会计制度的规定，不得伪造、变造会计凭证和会计帐簿，不得设置帐外帐，不得报送虚假会计报表。

　　第75条　会计机构、会计人员对伪造、变造、故意毁灭会计帐簿或者帐外设帐行为，应当制止和纠正；制止和纠正无效的，应当向上级主管单位报告，请求作出处理。

5. 《行政单位财务规则》（2023年1月28日）

　　第25条　行政单位应当依法依规加强各类票据管理，确保票据来源合法、内容真实、使用正确，不得使用虚假票据。

6. 《事业单位财务规则》（2022年1月7日）

　　第27条　事业单位应当依法加强各类票据管理，确保票据来源合法、内容真实、使用正确，不得使用虚假票据。

● 地方性法规及文件

7. 《陕西省会计管理条例》（2019年7月31日　陕西省第十三届人民代表大会常务委员会第23号公告）

　　第17条　单位应当根据实际发生的经济业务事项进行会计核算，填制会计凭证，登记会计帐簿，编制财务会计报告，保证会计信息真实完整。

　　单位不得以虚假的经济业务事项或者资料进行会计核算。单位进行会计核算禁止下列行为：

　　（一）伪造、变造、隐匿或者故意销毁会计凭证、会计账簿及其他会计资料；

　　（二）随意改变会计要素的确认和计量标准；

　　（三）随意改变财务会计报告编制基础、编制依据、编制原则和方法，编制虚假的财务会计报告；

（四）设置账外账或者保留账外资金、资产；

（五）法律、法规禁止的其他行为。

第四十二条　授意、指使、强令他人伪造、变造或者隐匿、故意销毁会计资料的责任

> 授意、指使、强令会计机构、会计人员及其他人员伪造、变造会计凭证、会计账簿，编制虚假财务会计报告或者隐匿、故意销毁依法应当保存的会计凭证、会计账簿、财务会计报告的，由县级以上人民政府财政部门给予警告、通报批评，可以并处二十万元以上一百万元以下的罚款；情节严重的，可以并处一百万元以上五百万元以下的罚款；属于公职人员的，还应当依法给予处分；构成犯罪的，依法追究刑事责任。

● 法　律

1.《刑法》（2023 年 12 月 29 日）

第 162 条之一　隐匿或者故意销毁依法应当保存的会计凭证、会计帐簿、财务会计报告，情节严重的，处五年以下有期徒刑或者拘役，并处或者单处二万元以上二十万元以下罚金。

单位犯前款罪的，对单位判处罚金，并对其直接负责的主管人员和其他直接责任人员，依照前款的规定处罚。

第 229 条　承担资产评估、验资、验证、会计、审计、法律服务、保荐、安全评价、环境影响评价、环境监测等职责的中介组织的人员故意提供虚假证明文件，情节严重的，处五年以下有期徒刑或者拘役，并处罚金；有下列情形之一的，处五年以上十年以下有期徒刑，并处罚金：

（一）提供与证券发行相关的虚假的资产评估、会计、审计、法律服务、保荐等证明文件，情节特别严重的；

（二）提供与重大资产交易相关的虚假的资产评估、会计、审计等证明文件，情节特别严重的；

（三）在涉及公共安全的重大工程、项目中提供虚假的安全评价、环境影响评价等证明文件，致使公共财产、国家和人民利益遭受特别重大损失的。

有前款行为，同时索取他人财物或者非法收受他人财物构成犯罪的，依照处罚较重的规定定罪处罚。

第一款规定的人员，严重不负责任，出具的证明文件有重大失实，造成严重后果的，处三年以下有期徒刑或者拘役，并处或者单处罚金。

● 行政法规及文件

2.《企业财务会计报告条例》（2000年6月21日）

第4条 任何组织或者个人不得授意、指使、强令企业编制和对外提供虚假的或者隐瞒重要事实的财务会计报告。

第17条 企业编制财务会计报告，应当根据真实的交易、事项以及完整、准确的账簿记录等资料，并按照国家统一的会计制度规定的编制基础、编制依据、编制原则和方法。

企业不得违反本条例和国家统一的会计制度规定，随意改变财务会计报告的编制基础、编制依据、编制原则和方法。

任何组织或者个人不得授意、指使、强令企业违反本条例和国家统一的会计制度规定，改变财务会计报告的编制基础、编制依据、编制原则和方法。

第41条 授意、指使、强令会计机构、会计人员及其他人员编制、对外提供虚假的或者隐瞒重要事实的财务会计报告，或者隐匿、故意销毁依法应当保存的财务会计报告，构成犯罪的，依法追究刑事责任；尚不构成犯罪的，可以处5000元以上5万元以下的罚款；属于国家工作人员的，并依法给予降级、撤职、开除的行政处分或者纪律处分。

第42条 违反本条例的规定,要求企业向其提供部分或者全部财务会计报告及其有关数据的,由县级以上人民政府责令改正。

第43条 违反本条例规定,同时违反其他法律、行政法规规定的,由有关部门在各自的职权范围内依法给予处罚。

● 部门规章及文件

3.《会计基础工作规范》(2019年3月14日)

第66条 会计报表应当根据登记完整、核对无误的会计帐簿记录和其他有关资料编制,做到数字真实、计算准确、内容完整、说明清楚。

任何人不得篡改或者授意、指使、强令他人篡改会计报表的有关数字。

第77条 会计机构、会计人员对指使、强令编造、篡改财务报告行为,应当制止和纠正;制止和纠正无效的,应当向上级主管单位报告,请求处理。

● 地方性法规及文件

4.《甘肃省会计管理条例》(2022年9月23日 甘肃省人民代表大会常务委员会公告第133号)

第5条 会计机构、会计人员应当依照法律、行政法规进行会计核算,实行会计监督。

任何单位或者个人不得以任何方式授意、指使、强令会计机构、会计人员伪造、变造会计凭证、会计账簿和其他会计资料,提供虚假财务会计报告。

任何单位或者个人不得对依法履行职责、抵制违反法律、行政法规规定行为的会计人员实行打击报复。

第四十三条　单位负责人打击报复的责任

> 单位负责人对依法履行职责、抵制违反本法规定行为的会计人员以降级、撤职、调离工作岗位、解聘或者开除等方式实行打击报复的，依法给予处分；构成犯罪的，依法追究刑事责任。对受打击报复的会计人员，应当恢复其名誉和原有职务、级别。

● 法　律

1. 《刑法》（2023 年 12 月 29 日）

第 254 条　国家机关工作人员滥用职权、假公济私，对控告人、申诉人、批评人、举报人实行报复陷害的，处二年以下有期徒刑或者拘役；情节严重的，处二年以上七年以下有期徒刑。

第 255 条　公司、企业、事业单位、机关、团体的领导人，对依法履行职责、抵制违反会计法、统计法行为的会计、统计人员实行打击报复，情节恶劣的，处三年以下有期徒刑或者拘役。

● 地方性法规及文件

2. 《甘肃省会计管理条例》（2022 年 9 月 23 日　甘肃省人民代表大会常务委员会公告第 133 号）

第 5 条　会计机构、会计人员应当依照法律、行政法规进行会计核算，实行会计监督。

任何单位或者个人不得以任何方式授意、指使、强令会计机构、会计人员伪造、变造会计凭证、会计账簿和其他会计资料，提供虚假财务会计报告。

任何单位或者个人不得对依法履行职责、抵制违反法律、行政法规规定行为的会计人员实行打击报复。

第四十四条 相关国家机关工作人员滥用职权、玩忽职守等行为的责任

> 财政部门及有关行政部门的工作人员在实施监督管理中滥用职权、玩忽职守、徇私舞弊或者泄露国家秘密、工作秘密、商业秘密、个人隐私、个人信息的，依法给予处分；构成犯罪的，依法追究刑事责任。

● 法　律

1.《刑法》（2023 年 12 月 29 日）

第 254 条　国家机关工作人员滥用职权、假公济私，对控告人、申诉人、批评人、举报人实行报复陷害的，处二年以下有期徒刑或者拘役；情节严重的，处二年以上七年以下有期徒刑。

第 255 条　公司、企业、事业单位、机关、团体的领导人，对依法履行职责、抵制违反会计法、统计法行为的会计、统计人员实行打击报复，情节恶劣的，处三年以下有期徒刑或者拘役。

第 382 条　国家工作人员利用职务上的便利，侵吞、窃取、骗取或者以其他手段非法占有公共财物的，是贪污罪。

受国家机关、国有公司、企业、事业单位、人民团体委托管理、经营国有财产的人员，利用职务上的便利，侵吞、窃取、骗取或者以其他手段非法占有国有财物的，以贪污论。

与前两款所列人员勾结，伙同贪污的，以共犯论处。

第 384 条　国家工作人员利用职务上的便利，挪用公款归个人使用，进行非法活动的，或者挪用公款数额较大、进行营利活动的，或者挪用公款数额较大、超过三个月未还的，是挪用公款罪，处五年以下有期徒刑或者拘役；情节严重的，处五年以上有期徒刑。挪用公款数额巨大不退还的，处十年以上有期徒刑或者无期徒刑。

挪用用于救灾、抢险、防汛、优抚、扶贫、移民、救济款物

归个人使用的，从重处罚。

第385条　国家工作人员利用职务上的便利，索取他人财物的，或者非法收受他人财物，为他人谋取利益的，是受贿罪。

国家工作人员在经济往来中，违反国家规定，收受各种名义的回扣、手续费，归个人所有的，以受贿论处。

第397条　国家机关工作人员滥用职权或者玩忽职守，致使公共财产、国家和人民利益遭受重大损失的，处三年以下有期徒刑或者拘役；情节特别严重的，处三年以上七年以下有期徒刑。本法另有规定的，依照规定。

国家机关工作人员徇私舞弊，犯前款罪的，处五年以下有期徒刑或者拘役；情节特别严重的，处五年以上十年以下有期徒刑。本法另有规定的，依照规定。

第398条　国家机关工作人员违反保守国家秘密法的规定，故意或者过失泄露国家秘密，情节严重的，处三年以下有期徒刑或者拘役；情节特别严重的，处三年以上七年以下有期徒刑。

非国家机关工作人员犯前款罪的，依照前款的规定酌情处罚。

第403条　国家有关主管部门的国家机关工作人员，徇私舞弊，滥用职权，对不符合法律规定条件的公司设立、登记申请或者股票、债券发行、上市申请，予以批准或者登记，致使公共财产、国家和人民利益遭受重大损失的，处五年以下有期徒刑或者拘役。

上级部门强令登记机关及其工作人员实施前款行为的，对其直接负责的主管人员，依照前款的规定处罚。

第404条　税务机关的工作人员徇私舞弊，不征或者少征应征税款，致使国家税收遭受重大损失的，处五年以下有期徒刑或者拘役；造成特别重大损失的，处五年以上有期徒刑。

2.《保守国家秘密法》（2024年2月27日）

第26条　国家秘密载体的制作、收发、传递、使用、复制、保存、维修和销毁，应当符合国家保密规定。

绝密级国家秘密载体应当在符合国家保密标准的设施、设备中保存，并指定专人管理；未经原定密机关、单位或者其上级机关批准，不得复制和摘抄；收发、传递和外出携带，应当指定人员负责，并采取必要的安全措施。

第27条　属于国家秘密的设备、产品的研制、生产、运输、使用、保存、维修和销毁，应当符合国家保密规定。

第28条　机关、单位应当加强对国家秘密载体的管理，任何组织和个人不得有下列行为：

（一）非法获取、持有国家秘密载体；

（二）买卖、转送或者私自销毁国家秘密载体；

（三）通过普通邮政、快递等无保密措施的渠道传递国家秘密载体；

（四）寄递、托运国家秘密载体出境；

（五）未经有关主管部门批准，携带、传递国家秘密载体出境；

（六）其他违反国家秘密载体保密规定的行为。

第29条　禁止非法复制、记录、存储国家秘密。

禁止未按照国家保密规定和标准采取有效保密措施，在互联网及其他公共信息网络或者有线和无线通信中传递国家秘密。

禁止在私人交往和通信中涉及国家秘密。

第30条　存储、处理国家秘密的计算机信息系统（以下简称涉密信息系统）按照涉密程度实行分级保护。

涉密信息系统应当按照国家保密规定和标准规划、建设、运行、维护，并配备保密设施、设备。保密设施、设备应当与涉密信息系统同步规划、同步建设、同步运行。

涉密信息系统应当按照规定，经检查合格后，方可投入使用，并定期开展风险评估。

第31条 机关、单位应当加强对信息系统、信息设备的保密管理，建设保密自监管设施，及时发现并处置安全保密风险隐患。任何组织和个人不得有下列行为：

（一）未按照国家保密规定和标准采取有效保密措施，将涉密信息系统、涉密信息设备接入互联网及其他公共信息网络；

（二）未按照国家保密规定和标准采取有效保密措施，在涉密信息系统、涉密信息设备与互联网及其他公共信息网络之间进行信息交换；

（三）使用非涉密信息系统、非涉密信息设备存储或者处理国家秘密；

（四）擅自卸载、修改涉密信息系统的安全技术程序、管理程序；

（五）将未经安全技术处理的退出使用的涉密信息设备赠送、出售、丢弃或者改作其他用途；

（六）其他违反信息系统、信息设备保密规定的行为。

第32条 用于保护国家秘密的安全保密产品和保密技术装备应当符合国家保密规定和标准。

国家建立安全保密产品和保密技术装备抽检、复检制度，由国家保密行政管理部门设立或者授权的机构进行检测。

第33条 报刊、图书、音像制品、电子出版物的编辑、出版、印制、发行，广播节目、电视节目、电影的制作和播放，网络信息的制作、复制、发布、传播，应当遵守国家保密规定。

第34条 网络运营者应当加强对其用户发布的信息的管理，配合监察机关、保密行政管理部门、公安机关、国家安全机关对涉嫌泄露国家秘密案件进行调查处理；发现利用互联网及其他公共信息网络发布的信息涉嫌泄露国家秘密的，应当立即停止传输该信息，保存有关记录，向保密行政管理部门或者公安机关、国家安全机关报告；应当根据保密行政管理部门或者公安机关、国家安全机关的要求，删除涉及泄露国家秘密的信息，并对有关设备进行技术处理。

第35条　机关、单位应当依法对拟公开的信息进行保密审查，遵守国家保密规定。

第36条　开展涉及国家秘密的数据处理活动及其安全监管应当符合国家保密规定。

国家保密行政管理部门和省、自治区、直辖市保密行政管理部门会同有关主管部门建立安全保密防控机制，采取安全保密防控措施，防范数据汇聚、关联引发的泄密风险。

机关、单位应当对汇聚、关联后属于国家秘密事项的数据依法加强安全管理。

第37条　机关、单位向境外或者向境外在中国境内设立的组织、机构提供国家秘密，任用、聘用的境外人员因工作需要知悉国家秘密的，按照国家有关规定办理。

第38条　举办会议或者其他活动涉及国家秘密的，主办单位应当采取保密措施，并对参加人员进行保密教育，提出具体保密要求。

第39条　机关、单位应当将涉及绝密级或者较多机密级、秘密级国家秘密的机构确定为保密要害部门，将集中制作、存放、保管国家秘密载体的专门场所确定为保密要害部位，按照国家保密规定和标准配备、使用必要的技术防护设施、设备。

第40条　军事禁区、军事管理区和属于国家秘密不对外开放的其他场所、部位，应当采取保密措施，未经有关部门批准，不得擅自决定对外开放或者扩大开放范围。

涉密军事设施及其他重要涉密单位周边区域应当按照国家保密规定加强保密管理。

第41条　从事涉及国家秘密业务的企业事业单位，应当具备相应的保密管理能力，遵守国家保密规定。

从事国家秘密载体制作、复制、维修、销毁，涉密信息系统集成，武器装备科研生产，或者涉密军事设施建设等涉及国家秘密业务的企业事业单位，应当经过审查批准，取得保密资质。

第42条　采购涉及国家秘密的货物、服务的机关、单位，直接涉及国家秘密的工程建设、设计、施工、监理等单位，应当遵守国家保密规定。

机关、单位委托企业事业单位从事涉及国家秘密的业务，应当与其签订保密协议，提出保密要求，采取保密措施。

第43条　在涉密岗位工作的人员（以下简称涉密人员），按照涉密程度分为核心涉密人员、重要涉密人员和一般涉密人员，实行分类管理。

任用、聘用涉密人员应当按照国家有关规定进行审查。

涉密人员应当具有良好的政治素质和品行，经过保密教育培训，具备胜任涉密岗位的工作能力和保密知识技能，签订保密承诺书，严格遵守国家保密规定，承担保密责任。

涉密人员的合法权益受法律保护。对因保密原因合法权益受到影响和限制的涉密人员，按照国家有关规定给予相应待遇或者补偿。

第44条　机关、单位应当建立健全涉密人员管理制度，明确涉密人员的权利、岗位责任和要求，对涉密人员履行职责情况开展经常性的监督检查。

第45条　涉密人员出境应当经有关部门批准，有关机关认为涉密人员出境将对国家安全造成危害或者对国家利益造成重大损失的，不得批准出境。

第46条　涉密人员离岗离职应当遵守国家保密规定。机关、单位应当开展保密教育提醒，清退国家秘密载体，实行脱密期管理。涉密人员在脱密期内，不得违反规定就业和出境，不得以任何方式泄露国家秘密；脱密期结束后，应当遵守国家保密规定，对知悉的国家秘密继续履行保密义务。涉密人员严重违反离岗离职及脱密期国家保密规定的，机关、单位应当及时报告同级保密行政管理部门，由保密行政管理部门会同有关部门依法采取处置措施。

第47条　国家工作人员或者其他公民发现国家秘密已经泄露或者可能泄露时，应当立即采取补救措施并及时报告有关机关、单位。机关、单位接到报告后，应当立即作出处理，并及时向保密行政管理部门报告。

第57条　违反本法规定，有下列情形之一，根据情节轻重，依法给予处分；有违法所得的，没收违法所得：

（一）非法获取、持有国家秘密载体的；

（二）买卖、转送或者私自销毁国家秘密载体的；

（三）通过普通邮政、快递等无保密措施的渠道传递国家秘密载体的；

（四）寄递、托运国家秘密载体出境，或者未经有关主管部门批准，携带、传递国家秘密载体出境的；

（五）非法复制、记录、存储国家秘密的；

（六）在私人交往和通信中涉及国家秘密的；

（七）未按照国家保密规定和标准采取有效保密措施，在互联网及其他公共信息网络或者有线和无线通信中传递国家秘密的；

（八）未按照国家保密规定和标准采取有效保密措施，将涉密信息系统、涉密信息设备接入互联网及其他公共信息网络的；

（九）未按照国家保密规定和标准采取有效保密措施，在涉密信息系统、涉密信息设备与互联网及其他公共信息网络之间进行信息交换的；

（十）使用非涉密信息系统、非涉密信息设备存储、处理国家秘密的；

（十一）擅自卸载、修改涉密信息系统的安全技术程序、管理程序的；

（十二）将未经安全技术处理的退出使用的涉密信息设备赠送、出售、丢弃或者改作其他用途的；

（十三）其他违反本法规定的情形。

有前款情形尚不构成犯罪，且不适用处分的人员，由保密行政管理部门督促其所在机关、单位予以处理。

第58条　机关、单位违反本法规定，发生重大泄露国家秘密案件的，依法对直接负责的主管人员和其他直接责任人员给予处分。不适用处分的人员，由保密行政管理部门督促其主管部门予以处理。

机关、单位违反本法规定，对应当定密的事项不定密，对不应当定密的事项定密，或者未履行解密审核责任，造成严重后果的，依法对直接负责的主管人员和其他直接责任人员给予处分。

第59条　网络运营者违反本法第三十四条规定的，由公安机关、国家安全机关、电信主管部门、保密行政管理部门按照各自职责分工依法予以处罚。

第60条　取得保密资质的企业事业单位违反国家保密规定的，由保密行政管理部门责令限期整改，给予警告或者通报批评；有违法所得的，没收违法所得；情节严重的，暂停涉密业务、降低资质等级；情节特别严重的，吊销保密资质。

未取得保密资质的企业事业单位违法从事本法第四十一条第二款规定的涉密业务的，由保密行政管理部门责令停止涉密业务，给予警告或者通报批评；有违法所得的，没收违法所得。

第61条　保密行政管理部门的工作人员在履行保密管理职责中滥用职权、玩忽职守、徇私舞弊的，依法给予处分。

第62条　违反本法规定，构成犯罪的，依法追究刑事责任。

3.《公务员法》(2018年12月29日)

第59条 公务员应当遵纪守法，不得有下列行为：

（一）散布有损宪法权威、中国共产党和国家声誉的言论，组织或者参加旨在反对宪法、中国共产党领导和国家的集会、游行、示威等活动；

（二）组织或者参加非法组织，组织或者参加罢工；

（三）挑拨、破坏民族关系，参加民族分裂活动或者组织、利用宗教活动破坏民族团结和社会稳定；

（四）不担当，不作为，玩忽职守，贻误工作；

（五）拒绝执行上级依法作出的决定和命令；

（六）对批评、申诉、控告、检举进行压制或者打击报复；

（七）弄虚作假，误导、欺骗领导和公众；

（八）贪污贿赂，利用职务之便为自己或者他人谋取私利；

（九）违反财经纪律，浪费国家资财；

（十）滥用职权，侵害公民、法人或者其他组织的合法权益；

（十一）泄露国家秘密或者工作秘密；

（十二）在对外交往中损害国家荣誉和利益；

（十三）参与或者支持色情、吸毒、赌博、迷信等活动；

（十四）违反职业道德、社会公德和家庭美德；

（十五）违反有关规定参与禁止的网络传播行为或者网络活动；

（十六）违反有关规定从事或者参与营利性活动，在企业或者其他营利性组织中兼任职务；

（十七）旷工或者因公外出、请假期满无正当理由逾期不归；

（十八）违纪违法的其他行为。

第60条 公务员执行公务时，认为上级的决定或者命令有错误的，可以向上级提出改正或者撤销该决定或者命令的意见；上级不改变该决定或者命令，或者要求立即执行的，公务员应当执行该决定或者命令，执行的后果由上级负责，公务员不承担责任；但是，公务员执行明显违法的决定或者命令的，应当依法承担相应的责任。

第61条 公务员因违纪违法应当承担纪律责任的，依照本法给予处分或者由监察机关依法给予政务处分；违纪违法行为情节轻微，经批评教育后改正的，可以免予处分。

对同一违纪违法行为，监察机关已经作出政务处分决定的，公务员所在机关不再给予处分。

第62条 处分分为：警告、记过、记大过、降级、撤职、开除。

第63条 对公务员的处分，应当事实清楚、证据确凿、定性准确、处理恰当、程序合法、手续完备。

公务员违纪违法的，应当由处分决定机关决定对公务员违纪违法的情况进行调查，并将调查认定的事实以及拟给予处分的依据告知公务员本人。公务员有权进行陈述和申辩；处分决定机关不得因公务员申辩而加重处分。

处分决定机关认为对公务员应当给予处分的，应当在规定的期限内，按照管理权限和规定的程序作出处分决定。处分决定应当以书面形式通知公务员本人。

第64条 公务员在受处分期间不得晋升职务、职级和级别，其中受记过、记大过、降级、撤职处分的，不得晋升工资档次。

受处分的期间为：警告，六个月；记过，十二个月；记大过，十八个月；降级、撤职，二十四个月。

受撤职处分的，按照规定降低级别。

第65条 公务员受开除以外的处分，在受处分期间有悔改表现，并且没有再发生违纪违法行为的，处分期满后自动解除。

解除处分后，晋升工资档次、级别和职务、职级不再受原处分的影响。但是，解除降级、撤职处分的，不视为恢复原级别、原职务、原职级。

第四十五条 泄露检举人姓名和检举材料的责任

违反本法规定,将检举人姓名和检举材料转给被检举单位和被检举人个人的,依法给予处分。

● 地方性法规及文件

1.《甘肃省会计管理条例》(2022年9月23日 甘肃省人民代表大会常务委员会公告第133号)

第27条 任何单位和个人有权检举会计违法违规行为。接到举报的机关应当依法处理,并为检举人保密。

2.《陕西省会计管理条例》(2019年7月31日 陕西省第十三届人民代表大会常务委员会第23号公告)

第25条 会计机构和会计人员对本单位的经济业务事项依法进行会计监督,对违法违规的会计事项有权拒绝办理或者按照职权予以纠正;对超出其处理权限的违法违规会计事项,应当及时向本单位负责人报告,请求处理;单位负责人不及时处理,或者授意、指使、强令违法办理会计事项的,会计机构和会计人员有权向财政、审计、监察等有关部门检举。

第27条 任何单位和个人有权检举会计违法违规行为。接到举报的机关应当依法处理,并为检举人保密。

第四十六条 从轻、减轻和不予处罚的情形

违反本法规定,但具有《中华人民共和国行政处罚法》规定的从轻、减轻或者不予处罚情形的,依照其规定从轻、减轻或者不予处罚。

● 法 律

《行政处罚法》(2021年1月22日)

第30条 不满十四周岁的未成年人有违法行为的,不予行

政处罚，责令监护人加以管教；已满十四周岁不满十八周岁的未成年人有违法行为的，应当从轻或者减轻行政处罚。

第 31 条　精神病人、智力残疾人在不能辨认或者不能控制自己行为时有违法行为的，不予行政处罚，但应当责令其监护人严加看管和治疗。间歇性精神病人在精神正常时有违法行为的，应当给予行政处罚。尚未完全丧失辨认或者控制自己行为能力的精神病人、智力残疾人有违法行为的，可以从轻或者减轻行政处罚。

第 32 条　当事人有下列情形之一，应当从轻或者减轻行政处罚：

（一）主动消除或者减轻违法行为危害后果的；

（二）受他人胁迫或者诱骗实施违法行为的；

（三）主动供述行政机关尚未掌握的违法行为的；

（四）配合行政机关查处违法行为有立功表现的；

（五）法律、法规、规章规定其他应当从轻或者减轻行政处罚的。

第 33 条　违法行为轻微并及时改正，没有造成危害后果的，不予行政处罚。初次违法且危害后果轻微并及时改正的，可以不予行政处罚。

当事人有证据足以证明没有主观过错的，不予行政处罚。法律、行政法规另有规定的，从其规定。

对当事人的违法行为依法不予行政处罚的，行政机关应当对当事人进行教育。

第 57 条　调查终结，行政机关负责人应当对调查结果进行审查，根据不同情况，分别作出如下决定：

（一）确有应受行政处罚的违法行为的，根据情节轻重及具体情况，作出行政处罚决定；

（二）违法行为轻微，依法可以不予行政处罚的，不予行政处罚；

（三）违法事实不能成立的，不予行政处罚；

（四）违法行为涉嫌犯罪的，移送司法机关。

对情节复杂或者重大违法行为给予行政处罚，行政机关负责人应当集体讨论决定。

第四十七条　违反两种以上法律时的处罚

因违反本法规定受到处罚的，按照国家有关规定记入信用记录。

违反本法规定，同时违反其他法律规定的，由有关部门在各自职权范围内依法进行处罚。

● 行政法规及文件

1．《企业财务会计报告条例》（2000年6月21日）

第43条　违反本条例规定，同时违反其他法律、行政法规规定的，由有关部门在各自的职权范围内依法给予处罚。

2．《财政违法行为处罚处分条例》（2011年1月8日）

第18条　属于会计方面的违法行为，依照会计方面的法律、行政法规的规定处理、处罚。对其直接负责的主管人员和其他直接责任人员，属于国家公务员的，还应当给予警告、记过或者记大过处分；情节较重的，给予降级或者撤职处分；情节严重的，给予开除处分。

3．《总会计师条例》（2011年1月8日）

第18条　总会计师在工作中有下列情形之一的，应当区别情节轻重，依照国家有关企业职工或者国家行政机关工作人员奖惩的规定给予处分：

（一）违反法律、法规、方针、政策和财经制度，造成财会工作严重混乱的；

(二）对偷税漏税，截留应当上交国家的收入，滥发奖金、补贴，挥霍浪费国家资财，损害国家利益的行为，不抵制、不制止、不报告，致使国家利益遭受损失的；

（三）在其主管的工作范围内发生严重失误，或者由于玩忽职守，致使国家利益遭受损失的；

（四）以权谋私，弄虚作假，徇私舞弊，致使国家利益遭受损失，或者造成恶劣影响的；

（五）有其他渎职行为和严重错误的。

总会计师有前款所列行为，情节严重，构成犯罪的，由司法机关依法追究刑事责任。

第19条 单位主要行政领导人阻碍总会计师行使职权的，以及对其打击报复或者变相打击报复的，上级主管单位应当根据情节给予行政处分。情节严重，构成犯罪的，由司法机关依法追究刑事责任。

● 部门规章及文件

4.《事业单位财务规则》（2022年1月7日）

第64条 各级事业单位、主管部门和财政部门及其工作人员存在违反本规则规定的行为，以及其他滥用职权、玩忽职守、徇私舞弊等违法违规行为的，依法追究相应责任。

第六章 附 则

第四十八条 对用语的解释

本法下列用语的含义：

单位负责人，是指单位法定代表人或者法律、行政法规规定代表单位行使职权的主要负责人。

国家统一的会计制度，是指国务院财政部门根据本法制定的关于会计核算、会计监督、会计机构和会计人员以及会计工作管理的制度。

第四十九条 军队会计制度的制定办法

中央军事委员会有关部门可以依照本法和国家统一的会计制度制定军队实施国家统一的会计制度的具体办法，抄送国务院财政部门。

第五十条 个体工商户会计管理的具体办法的制定

个体工商户会计管理的具体办法，由国务院财政部门根据本法的原则另行规定。

第五十一条 施行日期

本法自 2000 年 7 月 1 日起施行。

附录一

中华人民共和国注册会计师法

(1993年10月31日第八届全国人民代表大会常务委员会第四次会议通过 根据2014年8月31日第十二届全国人民代表大会常务委员会第十次会议《关于修改〈中华人民共和国保险法〉等五部法律的决定》修正)

目 录

第一章 总 则
第二章 考试和注册
第三章 业务范围和规则
第四章 会计师事务所
第五章 注册会计师协会
第六章 法律责任
第七章 附 则

第一章 总 则

第一条 为了发挥注册会计师在社会经济活动中的鉴证和服务作用,加强对注册会计师的管理,维护社会公共利益和投资者的合法权益,促进社会主义市场经济的健康发展,制定本法。

第二条 注册会计师是依法取得注册会计师证书并接受委托从事审计和会计咨询、会计服务业务的执业人员。

第三条 会计师事务所是依法设立并承办注册会计师业务的机构。

注册会计师执行业务,应当加入会计师事务所。

第四条 注册会计师协会是由注册会计师组成的社会团体。中国注册会计师协会是注册会计师的全国组织,省、自治区、直辖市注册会计师协会是注册会计师的地方组织。

第五条 国务院财政部门和省、自治区、直辖市人民政府财政部门,依法对注册会计师、会计师事务所和注册会计师协会进行监督、指导。

第六条 注册会计师和会计师事务所执行业务,必须遵守法律、行政法规。

注册会计师和会计师事务所依法独立、公正执行业务,受法律保护。

第二章 考试和注册

第七条 国家实行注册会计师全国统一考试制度。注册会计师全国统一考试办法,由国务院财政部门制定,由中国注册会计师协会组织实施。

第八条 具有高等专科以上学校毕业的学历、或者具有会计或者相关专业中级以上技术职称的中国公民,可以申请参加注册会计师全国统一考试;具有会计或者相关专业高级技术职称的人员,可以免予部分科目的考试。

第九条 参加注册会计师全国统一考试成绩合格,并从事审计业务工作二年以上的,可以向省、自治区、直辖市注册会计师协会申请注册。

除有本法第十条所列情形外,受理申请的注册会计师协会应当准予注册。

第十条 有下列情形之一的,受理申请的注册会计师协会不予注册:

(一) 不具有完全民事行为能力的;

(二) 因受刑事处罚,自刑罚执行完毕之日起至申请注册之日止不满五年的；

（三）因在财务、会计、审计、企业管理或者其他经济管理工作中犯有严重错误受行政处罚、撤职以上处分，自处罚、处分决定之日起至申请注册之日止不满二年的；

（四）受吊销注册会计师证书的处罚，自处罚决定之日起至申请注册之日止不满五年的；

（五）国务院财政部门规定的其他不予注册的情形。

第十一条 注册会计师协会应当将准予注册的人员名单报国务院财政部门备案。国务院财政部门发现注册会计师协会的注册不符合本法规定的，应当通知有关的注册会计师协会撤销注册。

注册会计师协会依照本法第十条的规定不予注册的，应当自决定之日起十五日内书面通知申请人。申请人有异议的，可以自收到通知之日起十五日内向国务院财政部门或者省、自治区、直辖市人民政府财政部门申请复议。

第十二条 准予注册的申请人，由注册会计师协会发给国务院财政部门统一制定的注册会计师证书。

第十三条 已取得注册会计师证书的人员，除本法第十一条第一款规定的情形外，注册后有下列情形之一的，由准予注册的注册会计师协会撤销注册，收回注册会计师证书：

（一）完全丧失民事行为能力的；

（二）受刑事处罚的；

（三）因在财务、会计、审计、企业管理或者其他经济管理工作中犯有严重错误受行政处罚、撤职以上处分的；

（四）自行停止执行注册会计师业务满一年的。

被撤销注册的当事人有异议的，可以自接到撤销注册、收回注册会计师证书的通知之日起十五日内向国务院财政部门或者省、自治区、直辖市人民政府财政部门申请复议。

依照第一款规定被撤销注册的人员可以重新申请注册，但必须符合本法第九条、第十条的规定。

第三章 业务范围和规则

第十四条 注册会计师承办下列审计业务：

（一）审查企业会计报表，出具审计报告；

（二）验证企业资本，出具验资报告；

（三）办理企业合并、分立、清算事宜中的审计业务，出具有关的报告；

（四）法律、行政法规规定的其他审计业务。

注册会计师依法执行审计业务出具的报告，具有证明效力。

第十五条 注册会计师可以承办会计咨询、会计服务业务。

第十六条 注册会计师承办业务，由其所在的会计师事务所统一受理并与委托人签订委托合同。

会计师事务所对本所注册会计师依照前款规定承办的业务，承担民事责任。

第十七条 注册会计师执行业务，可以根据需要查阅委托人的有关会计资料和文件，查看委托人的业务现场和设施，要求委托人提供其他必要的协助。

第十八条 注册会计师与委托人有利害关系的，应当回避；委托人有权要求其回避。

第十九条 注册会计师对在执行业务中知悉的商业秘密，负有保密义务。

第二十条 注册会计师执行审计业务，遇有下列情形之一的，应当拒绝出具有关报告：

（一）委托人示意其作不实或者不当证明的；

（二）委托人故意不提供有关会计资料和文件的；

（三）因委托人有其他不合理要求，致使注册会计师出具的报告不能对财务会计的重要事项作出正确表述的。

第二十一条 注册会计师执行审计业务，必须按照执业准则、规则确定的工作程序出具报告。

注册会计师执行审计业务出具报告时，不得有下列行为：

（一）明知委托人对重要事项的财务会计处理与国家有关规定相抵触，而不予指明；

（二）明知委托人的财务会计处理会直接损害报告使用人或者其他利害关系人的利益，而予以隐瞒或者作不实的报告；

（三）明知委托人的财务会计处理会导致报告使用人或者其他利害关系人产生重大误解，而不予指明；

（四）明知委托人的会计报表的重要事项有其他不实的内容，而不予指明。

对委托人有前款所列行为，注册会计师按照执业准则、规则应当知道的，适用前款规定。

第二十二条 注册会计师不得有下列行为：

（一）在执行审计业务期间，在法律、行政法规规定不得买卖被审计单位的股票、债券或者不得购买被审计单位或者个人的其他财产的期限内，买卖被审计单位的股票、债券或者购买被审计单位或者个人所拥有的其他财产；

（二）索取、收受委托合同约定以外的酬金或者其他财物，或者利用执行业务之便，谋取其他不正当的利益；

（三）接受委托催收债款；

（四）允许他人以本人名义执行业务；

（五）同时在两个或者两个以上的会计师事务所执行业务；

（六）对其能力进行广告宣传以招揽业务；

（七）违反法律、行政法规的其他行为。

第四章 会计师事务所

第二十三条 会计师事务所可以由注册会计师合伙设立。

合伙设立的会计师事务所的债务，由合伙人按照出资比例或者协议的约定，以各自的财产承担责任。合伙人对会计师事务所的债务承担连带责任。

第二十四条 会计师事务所符合下列条件的，可以是负有限责任的法人：

（一）不少于三十万元的注册资本；

（二）有一定数量的专职从业人员，其中至少有五名注册会计师；

（三）国务院财政部门规定的业务范围和其他条件。

负有限责任的会计师事务所以其全部资产对其债务承担责任。

第二十五条 设立会计师事务所，由省、自治区、直辖市人民政府财政部门批准。

申请设立会计师事务所，申请者应当向审批机关报送下列文件：

（一）申请书；

（二）会计师事务所的名称、组织机构和业务场所；

（三）会计师事务所章程，有合伙协议的并应报送合伙协议；

（四）注册会计师名单、简历及有关证明文件；

（五）会计师事务所主要负责人、合伙人的姓名、简历及有关证明文件；

（六）负有限责任的会计师事务所的出资证明；

（七）审批机关要求的其他文件。

第二十六条 审批机关应当自收到申请文件之日起三十日内决定批准或者不批准。

省、自治区、直辖市人民政府财政部门批准的会计师事务所，应当报国务院财政部门备案。国务院财政部门发现批准不当的，应当自收到备案报告之日起三十日内通知原审批机关重新审查。

第二十七条 会计师事务所设立分支机构，须经分支机构所在地的省、自治区、直辖市人民政府财政部门批准。

第二十八条 会计师事务所依法纳税。

会计师事务所按照国务院财政部门的规定建立职业风险基金，办理职业保险。

第二十九条 会计师事务所受理业务，不受行政区域、行业的限制；但是，法律、行政法规另有规定的除外。

第三十条 委托人委托会计师事务所办理业务，任何单位和个人不得干预。

第三十一条 本法第十八条至第二十一条的规定，适用于会计师事务所。

第三十二条 会计师事务所不得有本法第二十二条第（一）项至第（四）项、第（六）项、第（七）项所列的行为。

第五章 注册会计师协会

第三十三条 注册会计师应当加入注册会计师协会。

第三十四条 中国注册会计师协会的章程由全国会员代表大会制定，并报国务院财政部门备案；省、自治区、直辖市注册会计师协会的章程由省、自治区、直辖市会员代表大会制定，并报省、自治区、直辖市人民政府财政部门备案。

第三十五条 中国注册会计师协会依法拟订注册会计师执业准则、规则，报国务院财政部门批准后施行。

第三十六条 注册会计师协会应当支持注册会计师依法执行业务，维护其合法权益，向有关方面反映其意见和建议。

第三十七条 注册会计师协会应当对注册会计师的任职资格和执业情况进行年度检查。

第三十八条 注册会计师协会依法取得社会团体法人资格。

第六章 法律责任

第三十九条 会计师事务所违反本法第二十条、第二十一条规定的，由省级以上人民政府财政部门给予警告，没收违法所得，可以并处违法所得一倍以上五倍以下的罚款；情节严重的，并可以由省级以上人民政府财政部门暂停其经营业务或者予以撤销。

注册会计师违反本法第二十条、第二十一条规定的，由省级以上人民政府财政部门给予警告；情节严重的，可以由省级以上人民政府财政部门暂停其执行业务或者吊销注册会计师证书。

会计师事务所、注册会计师违反本法第二十条、第二十一条的规定，故意出具虚假的审计报告、验资报告，构成犯罪的，依法追究刑事责任。

第四十条 对未经批准承办本法第十四条规定的注册会计师业务的单位，由省级以上人民政府财政部门责令其停止违法活动，没收违法所得，可以并处违法所得一倍以上五倍以下的罚款。

第四十一条 当事人对行政处罚决定不服的，可以在接到处罚通知之日起十五日内向作出处罚决定的机关的上一级机关申请复议；当事人也可以在接到处罚决定通知之日起十五日内直接向人民法院起诉。

复议机关应当在接到复议申请之日起六十日内作出复议决定。当事人对复议决定不服的，可以在接到复议决定之日起十五日内向人民法院起诉。复议机关逾期不作出复议决定的，当事人可以在复议期满之日起十五日内向人民法院起诉。

当事人逾期不申请复议，也不向人民法院起诉，又不履行处罚决定的，作出处罚决定的机关可以申请人民法院强制执行。

第四十二条 会计师事务所违反本法规定，给委托人、其他利害关系人造成损失的，应当依法承担赔偿责任。

第七章　附　　则

第四十三条　在审计事务所工作的注册审计师，经认定为具有注册会计师资格的，可以执行本法规定的业务，其资格认定和对其监督、指导、管理的办法由国务院另行规定。

第四十四条　外国人申请参加中国注册会计师全国统一考试和注册，按照互惠原则办理。

外国会计师事务所需要在中国境内临时办理有关业务的，须经有关的省、自治区、直辖市人民政府财政部门批准。

第四十五条　国务院可以根据本法制定实施条例。

第四十六条　本法自 1994 年 1 月 1 日起施行。1986 年 7 月 3 日国务院发布的《中华人民共和国注册会计师条例》同时废止。

企业会计准则——基本准则

(2006年2月15日财政部令第33号公布 自2007年1月1日起施行 2014年7月23日根据《财政部关于修改〈企业会计准则——基本准则〉的决定》修改)

第一章 总 则

第一条 为了规范企业会计确认、计量和报告行为,保证会计信息质量,根据《中华人民共和国会计法》和其他有关法律、行政法规,制定本准则。

第二条 本准则适用于在中华人民共和国境内设立的企业(包括公司,下同)。

第三条 企业会计准则包括基本准则和具体准则,具体准则的制定应当遵循本准则。

第四条 企业应当编制财务会计报告(又称财务报告,下同)。财务会计报告的目标是向财务会计报告使用者提供与企业财务状况、经营成果和现金流量等有关的会计信息,反映企业管理层受托责任履行情况,有助于财务会计报告使用者作出经济决策。

财务会计报告使用者包括投资者、债权人、政府及其有关部门和社会公众等。

第五条 企业应当对其本身发生的交易或者事项进行会计确认、计量和报告。

第六条 企业会计确认、计量和报告应当以持续经营为前提。

第七条 企业应当划分会计期间,分期结算账目和编制财务会计报告。

会计期间分为年度和中期。中期是指短于一个完整的会计年度的报告期间。

第八条 企业会计应当以货币计量。

第九条 企业应当以权责发生制为基础进行会计确认、计量和报告。

第十条 企业应当按照交易或者事项的经济特征确定会计要素。会计要素包括资产、负债、所有者权益、收入、费用和利润。

第十一条 企业应当采用借贷记账法记账。

第二章 会计信息质量要求

第十二条 企业应当以实际发生的交易或者事项为依据进行会计确认、计量和报告，如实反映符合确认和计量要求的各项会计要素及其他相关信息，保证会计信息真实可靠、内容完整。

第十三条 企业提供的会计信息应当与财务会计报告使用者的经济决策需要相关，有助于财务会计报告使用者对企业过去、现在或者未来的情况作出评价或者预测。

第十四条 企业提供的会计信息应当清晰明了，便于财务会计报告使用者理解和使用。

第十五条 企业提供的会计信息应当具有可比性。

同一企业不同时期发生的相同或者相似的交易或者事项，应当采用一致的会计政策，不得随意变更。确需变更的，应当在附注中说明。

不同企业发生的相同或者相似的交易或者事项，应当采用规定的会计政策，确保会计信息口径一致、相互可比。

第十六条 企业应当按照交易或者事项的经济实质进行会计确认、计量和报告，不应仅以交易或者事项的法律形式为依据。

第十七条 企业提供的会计信息应当反映与企业财务状况、

经营成果和现金流量等有关的所有重要交易或者事项。

第十八条 企业对交易或者事项进行会计确认、计量和报告应当保持应有的谨慎，不应高估资产或者收益、低估负债或者费用。

第十九条 企业对于已经发生的交易或者事项，应当及时进行会计确认、计量和报告，不得提前或者延后。

第三章 资　　产

第二十条 资产是指企业过去的交易或者事项形成的、由企业拥有或者控制的、预期会给企业带来经济利益的资源。

前款所指的企业过去的交易或者事项包括购买、生产、建造行为或其他交易或者事项。预期在未来发生的交易或者事项不形成资产。

由企业拥有或者控制，是指企业享有某项资源的所有权，或者虽然不享有某项资源的所有权，但该资源能被企业所控制。

预期会给企业带来经济利益，是指直接或者间接导致现金和现金等价物流入企业的潜力。

第二十一条 符合本准则第二十条规定的资产定义的资源，在同时满足以下条件时，确认为资产：

（一）与该资源有关的经济利益很可能流入企业；

（二）该资源的成本或者价值能够可靠地计量。

第二十二条 符合资产定义和资产确认条件的项目，应当列入资产负债表；符合资产定义、但不符合资产确认条件的项目，不应当列入资产负债表。

第四章 负　　债

第二十三条 负债是指企业过去的交易或者事项形成的、预期会导致经济利益流出企业的现时义务。

现时义务是指企业在现行条件下已承担的义务。未来发生的交易或者事项形成的义务，不属于现时义务，不应当确认为负债。

第二十四条 符合本准则第二十三条规定的负债定义的义务，在同时满足以下条件时，确认为负债：

（一）与该义务有关的经济利益很可能流出企业；

（二）未来流出的经济利益的金额能够可靠地计量。

第二十五条 符合负债定义和负债确认条件的项目，应当列入资产负债表；符合负债定义、但不符合负债确认条件的项目，不应当列入资产负债表。

第五章 所有者权益

第二十六条 所有者权益是指企业资产扣除负债后由所有者享有的剩余权益。

公司的所有者权益又称为股东权益。

第二十七条 所有者权益的来源包括所有者投入的资本、直接计入所有者权益的利得和损失、留存收益等。

直接计入所有者权益的利得和损失，是指不应计入当期损益、会导致所有者权益发生增减变动的、与所有者投入资本或者向所有者分配利润无关的利得或者损失。

利得是指由企业非日常活动所形成的、会导致所有者权益增加、与所有者投入资本无关的经济利益的流入。

损失是指由企业非日常活动所发生的、会导致所有者权益减少、与向所有者分配利润无关的经济利益的流出。

第二十八条 所有者权益金额取决于资产和负债的计量。

第二十九条 所有者权益项目应当列入资产负债表。

第六章 收 入

第三十条 收入是指企业在日常活动中形成的、会导致所有者权益增加的、与所有者投入资本无关的经济利益的总流入。

第三十一条 收入只有在经济利益很可能流入从而导致企业资产增加或者负债减少、且经济利益的流入额能够可靠计量时才能予以确认。

第三十二条 符合收入定义和收入确认条件的项目,应当列入利润表。

第七章 费 用

第三十三条 费用是指企业在日常活动中发生的、会导致所有者权益减少的、与向所有者分配利润无关的经济利益的总流出。

第三十四条 费用只有在经济利益很可能流出从而导致企业资产减少或者负债增加、且经济利益的流出额能够可靠计量时才能予以确认。

第三十五条 企业为生产产品、提供劳务等发生的可归属于产品成本、劳务成本等的费用,应当在确认产品销售收入、劳务收入等时,将已销售产品、已提供劳务的成本等计入当期损益。

企业发生的支出不产生经济利益的,或者即使能够产生经济利益但不符合或者不再符合资产确认条件的,应当在发生时确认为费用,计入当期损益。

企业发生的交易或者事项导致其承担了一项负债而又不确认为一项资产的,应当在发生时确认为费用,计入当期损益。

第三十六条 符合费用定义和费用确认条件的项目,应当列入利润表。

第八章 利　　润

第三十七条　利润是指企业在一定会计期间的经营成果。利润包括收入减去费用后的净额、直接计入当期利润的利得和损失等。

第三十八条　直接计入当期利润的利得和损失，是指应当计入当期损益、会导致所有者权益发生增减变动的、与所有者投入资本或者向所有者分配利润无关的利得或者损失。

第三十九条　利润金额取决于收入和费用、直接计入当期利润的利得和损失金额的计量。

第四十条　利润项目应当列入利润表。

第九章　会 计 计 量

第四十一条　企业在将符合确认条件的会计要素登记入账并列报于会计报表及其附注（又称财务报表，下同）时，应当按照规定的会计计量属性进行计量，确定其金额。

第四十二条　会计计量属性主要包括：

（一）历史成本。在历史成本计量下，资产按照购置时支付的现金或者现金等价物的金额，或者按照购置资产时所付出的对价的公允价值计量。负债按照因承担现时义务而实际收到的款项或者资产的金额，或者承担现时义务的合同金额，或者按照日常活动中为偿还负债预期需要支付的现金或者现金等价物的金额计量。

（二）重置成本。在重置成本计量下，资产按照现在购买相同或者相似资产所需支付的现金或者现金等价物的金额计量。负债按照现在偿付该项债务所需支付的现金或者现金等价物的金额计量。

（三）可变现净值。在可变现净值计量下，资产按照其正常对外销售所能收到现金或者现金等价物的金额扣减该资产至完工时估计将要发生的成本、估计的销售费用以及相关税费后的金额计量。

（四）现值。在现值计量下，资产按照预计从其持续使用和最终处置中所产生的未来净现金流入量的折现金额计量。负债按照预计期限内需要偿还的未来净现金流出量的折现金额计量。

（五）公允价值。在公允价值计量下，资产和负债按照市场参与者在计量日发生的有序交易中，出售资产所能收到或者转移负债所需支付的价格计量。

第四十三条 企业在对会计要素进行计量时，一般应当采用历史成本，采用重置成本、可变现净值、现值、公允价值计量的，应当保证所确定的会计要素金额能够取得并可靠计量。

第十章 财务会计报告

第四十四条 财务会计报告是指企业对外提供的反映企业某一特定日期的财务状况和某一会计期间的经营成果、现金流量等会计信息的文件。

财务会计报告包括会计报表及其附注和其他应当在财务会计报告中披露的相关信息和资料。会计报表至少应当包括资产负债表、利润表、现金流量表等报表。

小企业编制的会计报表可以不包括现金流量表。

第四十五条 资产负债表是指反映企业在某一特定日期的财务状况的会计报表。

第四十六条 利润表是指反映企业在一定会计期间的经营成果的会计报表。

第四十七条 现金流量表是指反映企业在一定会计期间的现金和现金等价物流入和流出的会计报表。

第四十八条 附注是指对在会计报表中列示项目所作的进一

步说明，以及对未能在这些报表中列示项目的说明等。

第十一章　附　　则

第四十九条　本准则由财政部负责解释。

第五十条　本准则自 2007 年 1 月 1 日起施行。

行政单位财务规则

(2023年1月28日财政部令第113号公布 自2023年3月1日起施行)

第一章 总 则

第一条 为了规范行政单位的财务行为，加强行政单位财务管理和监督，提高资金使用效益，保障行政单位工作任务的完成，制定本规则。

第二条 本规则适用于各级各类国家机关、政党组织（以下统称行政单位）的财务活动。

第三条 行政单位财务管理的基本原则是：艰苦奋斗，厉行节约；量入为出，保障重点；从严从简，勤俭办一切事业；制止奢侈浪费，降低行政成本，注重资金使用效益。

第四条 行政单位财务管理的主要任务是：

（一）科学、合理编制预算，严格预算执行，完整、准确、及时编制决算；

（二）建立健全财务制度，实施内部控制管理，加强对行政单位财务活动的控制和监督；

（三）全面实施绩效管理，提高资金使用效益；

（四）加强资产管理，合理配置、有效利用、规范处置资产，防止国有资产流失；

（五）按照规定编制决算报告和财务报告，真实反映单位预算执行情况、财务状况和运行情况；

（六）对行政单位所属并归口行政财务管理的单位的财务活动实施指导、监督；

（七）加强对非独立核算的机关后勤服务部门的财务管理，

实行内部核算办法。

第五条 行政单位的财务活动在单位负责人领导下,由单位财务部门统一管理。

行政单位应当实行独立核算,明确承担相关职责的机构,配备与履职相适应的财务、会计人员力量。不具备配备条件的,可以委托经批准从事代理记账业务的中介机构代理记账。

行政单位的各项经济业务事项应当按照国家统一的会计制度进行会计核算。

第二章 单位预算管理

第六条 行政单位预算由收入预算和支出预算组成。

第七条 按照预算管理权限,行政单位预算管理分为下列级次:

(一)向本级财政部门申报预算的行政单位,为一级预算单位;

(二)向一级预算单位申报预算并有下级预算单位的行政单位,为二级预算单位,依次类推;

(三)向上一级预算单位申报预算,且没有下级预算单位的行政单位,为基层预算单位。

一级预算单位有下级预算单位的,为主管预算单位。

第八条 各级预算单位应当按照预算管理级次申报预算,并按照批准的预算组织实施,定期将预算执行情况向上一级预算单位或者本级财政部门报告。

第九条 国家对行政单位实行收支统一管理、结转和结余按照规定使用的预算管理办法。

第十条 行政单位编制预算,应当综合考虑以下因素:

(一)年度工作计划和收支预测;

(二)以前年度预算执行情况;

（三）以前年度结转和结余情况；

（四）资产配置标准和存量资产情况；

（五）有关绩效结果；

（六）其他因素。

第十一条 行政单位预算依照下列程序编报和审批：

（一）行政单位测算、提出预算建议数，逐级汇总后报送本级财政部门；

（二）财政部门审核行政单位提出的预算建议数，下达预算控制数；

（三）行政单位根据预算控制数正式编制年度预算草案，逐级汇总后报送本级财政部门；

（四）经法定程序批准后，财政部门批复行政单位预算。

第十二条 行政单位应当严格执行预算，按照收支平衡的原则，合理安排各项资金，不得超预算安排支出。

预算在执行中应当严格控制调剂。确需调剂的，行政单位应当按照规定程序办理。

第十三条 行政单位应当按照规定编制决算草案，逐级审核汇总后报本级财政部门审批。

第十四条 行政单位应当加强决算审核和分析，规范决算管理工作，保证决算数据的完整、真实、准确。

第十五条 行政单位应当全面实施预算绩效管理，加强绩效结果应用，提高资金使用效益。

第三章 收入管理

第十六条 收入是指行政单位依法取得的非偿还性资金，包括财政拨款收入和其他收入。

财政拨款收入，是指行政单位从本级财政部门取得的预算资金。

其他收入，是指行政单位依法取得的除财政拨款收入以外的各项收入。

行政单位依法取得的应当上缴财政的罚没收入、行政事业性收费收入、政府性基金收入、国有资源（资产）有偿使用收入等，不属于行政单位的收入。

第十七条 行政单位取得各项收入，应当符合国家规定，按照财务管理的要求，分项如实核算。

第十八条 行政单位应当将各项收入全部纳入单位预算，统一核算，统一管理，未纳入预算的收入不得安排支出。

第四章 支出管理

第十九条 支出是指行政单位为保障机构正常运转和完成工作任务所发生的资金耗费和损失，包括基本支出和项目支出。

基本支出，是指行政单位为保障其机构正常运转和完成日常工作任务所发生的支出，包括人员经费和公用经费。

项目支出，是指行政单位为完成其特定的工作任务所发生的支出。

第二十条 行政单位应当将各项支出全部以项目形式纳入预算项目库，实施项目全生命周期管理，未纳入预算项目库的项目一律不得安排预算。

各项支出由单位财务部门按照批准的预算和有关规定审核办理。

第二十一条 行政单位应当严格执行国家规定的开支范围及标准，不得擅自扩大开支范围、提高开支标准，建立健全支出管理制度，合理安排支出进度，严控一般性支出。

第二十二条 行政单位从财政部门或者上级预算单位取得的项目资金，应当按照批准的项目和用途使用，专款专用，在单位统一会计账簿中按项目明细单独核算，并按照有关规定报告资金使用情况，接受财政部门和上级预算单位的监督。

第二十三条 行政单位应当严格执行国库集中支付制度和政府采购法律制度等规定。

第二十四条 行政单位可以根据机构运转和完成工作任务的实际需要，实行成本核算。成本核算的具体办法按照国务院财政部门有关规定执行。

第二十五条 行政单位应当依法依规加强各类票据管理，确保票据来源合法、内容真实、使用正确，不得使用虚假票据。

第五章 结转和结余管理

第二十六条 结转资金，是指当年预算已执行但未完成，或者因故未执行，下一年度需要按照原用途继续使用的资金。

第二十七条 结余资金，是指当年预算工作目标已完成，或者因故终止，当年剩余的资金。

结转资金在规定使用年限未使用或者未使用完的，视为结余资金。

第二十八条 财政拨款结转和结余的管理，应当按照国家有关规定执行。

第六章 资产管理

第二十九条 资产是指行政单位依法直接支配的、能以货币计量的各类经济资源，包括流动资产、固定资产、在建工程、无形资产、公共基础设施、政府储备物资、文物文化资产、保障性住房等。

第三十条 流动资产是指预计在一年以内耗用或者可以变现的资产，包括货币资金、应收及预付款项、存货等。

前款所称存货是指行政单位在工作中为耗用而储存的资产，包括材料、产品、包装物和低值易耗品以及未达到固定资产标准的用具、装具、动植物等。

第三十一条 固定资产是指使用期限超过一年,单位价值在1000元以上,并且在使用过程中基本保持原有物质形态的资产。单位价值虽未达到规定标准,但是耐用时间在一年以上的大批同类物资,作为固定资产管理。

第三十二条 在建工程是指已经发生必要支出,但尚未达到交付使用状态的建设项目工程。

在建工程达到交付使用状态时,应当按照规定办理工程竣工财务决算和资产交付使用,期限最长不得超过1年。

第三十三条 无形资产是指不具有实物形态而能为使用者提供某种权利的资产,包括专利权、商标权、著作权、土地使用权、非专利技术等。

第三十四条 行政单位应当建立健全单位资产管理制度,明确资产使用人和管理人的岗位责任,按照国家规定设置国有资产台账,加强和规范资产配置、使用和处置管理,维护资产安全完整。涉及资产评估的,按照国家有关规定执行。

行政单位应当汇总编制本单位行政事业性国有资产管理情况报告。

第三十五条 行政单位应当根据依法履行职能和完成工作任务的需要,结合资产存量和价值、资产配置标准、绩效目标和财政承受能力,优先通过调剂方式配置资产。不能调剂的,可以采用购置、建设、租用等方式。

第三十六条 行政单位应当加强资产日常管理工作,做好资产建账、核算和登记工作,定期或者不定期进行清查盘点、对账,保证账账相符,账实相符。出现资产盘盈盘亏的,应当按照财务、会计和资产管理制度有关规定处理。

行政单位对需要办理权属登记的资产应当依法及时办理。

第三十七条 行政单位开设银行存款账户,应当报本级财政部门审批或者备案,并由财务部门统一管理。

第三十八条 行政单位应当加强应收及预付款项的管理,严格控制规模,并及时进行清理,不得长期挂账。

第三十九条 行政单位的资产增加时,应当及时登记入账;减少时,应当按照资产处置规定办理报批手续,进行账务处理。

行政单位货币性资产损失核销,按照本级财政部门预算及财务管理有关规定执行。

第四十条 除法律另有规定外,行政单位不得以任何形式用其依法直接支配的国有资产对外投资或者设立营利性组织。对于未与行政单位脱钩的营利性组织,行政单位应当按照有关规定进行监管。

除法律、行政法规另有规定外,行政单位不得以任何方式举借债务,不得以任何方式对外提供担保。

第四十一条 行政单位对外出租、出借国有资产,应当按照有关规定履行相关审批程序。未经批准,不得对外出租、出借。

第四十二条 行政单位应当在确保安全使用的前提下,推进本单位大型设备等国有资产共享共用工作,可以对提供方给予合理补偿。

第四十三条 行政单位资产处置应当遵循公开、公平、公正和竞争、择优的原则,依法进行资产评估,严格履行相关审批程序。

第四十四条 公共基础设施、政府储备物资、文物文化资产、保障性住房等国有资产管理的具体办法,由国务院财政部门会同有关部门制定。

第七章 负债管理

第四十五条 负债是指行政单位过去的经济业务事项形成的、预期会导致经济资源流出的现时义务,包括应缴款项、暂存款项、应付款项等。

第四十六条 应缴款项是指行政单位依法取得的应当上缴财政的资金，包括罚没收入、行政事业性收费收入、政府性基金收入、国有资源（资产）有偿使用收入等。

第四十七条 行政单位取得罚没收入、行政事业性收费收入、政府性基金收入、国有资源（资产）有偿使用收入等，应当按照国库集中收缴的有关规定及时足额上缴，不得隐瞒、滞留、截留、占用、挪用、拖欠或者坐支。

第四十八条 暂存款项是行政单位在业务活动中与其他单位或者个人发生的预收、代管等待结算的款项。

第四十九条 行政单位应当加强对暂存款项的管理，不得将应当纳入单位收入管理的款项列入暂存款项；对各种暂存款项应当及时清理、结算，不得长期挂账。

第八章 行政单位划转撤并的财务处理

第五十条 行政单位划转撤并的财务处理，应当在财政部门、主管预算单位等部门的监督指导下进行。

划转撤并的行政单位应当对单位的财产、债权、债务等进行全面清理，编制财产目录和债权、债务清单，提出财产作价依据和债权、债务处理办法，做好资产和负债的移交、接收、划转和管理工作，并妥善处理各项遗留问题。

第五十一条 划转撤并的行政单位的资产和负债经主管预算单位审核并上报财政部门和有关部门批准后，分别按照下列规定处理：

（一）转为事业单位和改变隶属关系的行政单位，其资产和负债无偿移交，并相应调整、划转经费指标。

（二）转为企业的行政单位，其资产按照有关规定进行评估作价并扣除负债后，转作企业的国有资本。

（三）撤销的行政单位，其全部资产和负债由财政部门或者财政部门授权的单位处理。

（四）合并的行政单位，其全部资产和负债移交接收单位或者新组建单位，并相应划转经费指标；合并后多余的资产，由财政部门或者财政部门授权的单位处理。

（五）分立的行政单位，其资产和负债按照有关规定移交分立后的行政单位，并相应划转经费指标。

第九章　财务报告和决算报告

第五十二条　行政单位应当按照国家有关规定向主管预算单位和财政部门以及其他有关的报告使用者提供财务报告、决算报告。

行政单位财务会计和预算会计要素的确认、计量、记录、报告应当遵循政府会计准则制度的规定。

第五十三条　财务报告主要以权责发生制为基础编制，以财务会计核算生成的数据为准，综合反映行政单位特定日期财务状况和一定时期运行情况等信息。

第五十四条　财务报告由财务报表和财务分析两部分组成。财务报表主要包括资产负债表、收入费用表等会计报表和报表附注。财务分析的内容主要包括财务状况分析、运行情况分析和财务管理情况等。

第五十五条　决算报告主要以收付实现制为基础编制，以预算会计核算生成的数据为准，综合反映行政单位年度预算收支执行结果等信息。

第五十六条　决算报告由决算报表和决算分析两部分组成。决算报表主要包括收入支出表、财政拨款收入支出表等。决算分析的内容主要包括收支预算执行分析、资金使用效益分析和机构人员情况等。

第十章 财务监督

第五十七条 行政单位财务监督主要包括对预算管理、收入管理、支出管理、结转和结余管理、资产管理、负债管理等的监督。

第五十八条 行政单位财务监督应当实行事前监督、事中监督、事后监督相结合,日常监督与专项监督相结合,并对违反财务规章制度的问题进行检查处理。

第五十九条 行政单位应当建立健全内部控制制度、经济责任制度、财务信息披露制度等监督制度,按照规定编制内部控制报告,依法依规公开财务信息,做好预决算公开工作。

第六十条 行政单位应当遵守财经纪律和财务制度,依法接受主管预算单位和财政、审计部门的监督。

第六十一条 财政部门、行政单位及其工作人员存在违反本规则规定的行为,以及其他滥用职权、玩忽职守、徇私舞弊等违法违规行为的,依法追究相应责任。

第十一章 附 则

第六十二条 行政单位基本建设投资的财务管理,应当执行本规则,但国家基本建设投资财务管理制度另有规定的,从其规定。

第六十三条 行政单位应当严格按照《中华人民共和国保守国家秘密法》等法律法规和有关规定,做好涉密事项的财务管理工作。

第六十四条 行政单位所属独立核算的企业、事业单位分别执行相应的财务制度,不执行本规则。

第六十五条 省、自治区、直辖市人民政府财政部门可以依据本规则结合本地区实际情况制定实施办法。

第六十六条 本规则自2023年3月1日起施行。《行政单位财务规则》(财政部令第71号)同时废止。

事业单位财务规则

(2022年1月7日财政部令第108号公布 自2022年3月1日起施行)

第一章 总 则

第一条 为了进一步规范事业单位的财务行为,加强事业单位财务管理和监督,提高资金使用效益,保障事业单位健康发展,制定本规则。

第二条 本规则适用于各级各类事业单位(以下简称事业单位)的财务活动。

第三条 事业单位财务管理的基本原则是:执行国家有关法律、法规和财务规章制度;坚持勤俭办一切事业的方针;正确处理事业发展需要和资金供给的关系,社会效益和经济效益的关系,国家、单位和个人三者利益的关系。

第四条 事业单位财务管理的主要任务是:合理编制单位预算,严格预算执行,完整、准确编制单位决算报告和财务报告,真实反映单位预算执行情况、财务状况和运行情况;依法组织收入,努力节约支出;建立健全财务制度,加强经济核算,全面实施绩效管理,提高资金使用效益;加强资产管理,合理配置和有效利用资产,防止资产流失;加强对单位经济活动的财务控制和监督,防范财务风险。

第五条 事业单位的财务活动在单位负责人的领导下,由单位财务部门统一管理。

第六条 事业单位的各项经济业务事项按照国家统一的会计制度进行会计核算。

第二章 单位预算管理

第七条 事业单位预算是指事业单位根据事业发展目标和计划编制的年度财务收支计划。

事业单位预算由收入预算和支出预算组成。

第八条 国家对事业单位实行核定收支、定额或者定项补助、超支不补、结转和结余按规定使用的预算管理办法。

定额或者定项补助根据国家有关政策和财力可能，结合事业单位改革要求、事业特点、事业发展目标和计划、事业单位收支及资产状况等确定。定额或者定项补助可以为零。

非财政补助收入大于支出较多的事业单位，可以实行收入上缴办法。具体办法由财政部门会同有关主管部门制定。

第九条 事业单位参考以前年度预算执行情况，根据预算年度的收入增减因素和措施，以及以前年度结转和结余情况，测算编制收入预算草案；根据事业发展需要与财力可能，测算编制支出预算草案。

事业单位预算应当自求收支平衡，不得编制赤字预算。

第十条 事业单位应当根据国家宏观调控总体要求、年度事业发展目标和计划以及预算编制的规定，提出预算建议数，经主管部门审核汇总报财政部门（一级预算单位直接报财政部门，下同）。事业单位根据财政部门下达的预算控制数编制预算草案，由主管部门审核汇总报财政部门，经法定程序审核批复后执行。

第十一条 事业单位应当严格执行批准的预算。预算执行中，国家对财政补助收入和财政专户管理资金的预算一般不予调剂，确需调剂的，由事业单位报主管部门审核后报财政部门调剂；其他资金确需调剂的，按照国家有关规定办理。

第十二条 事业单位决算是指事业单位预算收支和结余的年度执行结果。

第十三条 事业单位应当按照规定编制年度决算草案，由主管部门审核汇总后报财政部门审批。

第十四条 事业单位应当加强决算审核和分析，保证决算数据的真实、准确，规范决算管理工作。

第十五条 事业单位应当全面加强预算绩效管理，提高资金使用效益。

第三章　收入管理

第十六条 收入是指事业单位为开展业务及其他活动依法取得的非偿还性资金。

第十七条 事业单位收入包括：

（一）财政补助收入，即事业单位从本级财政部门取得的各类财政拨款。

（二）事业收入，即事业单位开展专业业务活动及其辅助活动取得的收入。其中：按照国家有关规定应当上缴国库或者财政专户的资金，不计入事业收入；从财政专户核拨给事业单位的资金和经核准不上缴国库或者财政专户的资金，计入事业收入。

（三）上级补助收入，即事业单位从主管部门和上级单位取得的非财政补助收入。

（四）附属单位上缴收入，即事业单位附属独立核算单位按照有关规定上缴的收入。

（五）经营收入，即事业单位在专业业务活动及其辅助活动之外开展非独立核算经营活动取得的收入。

（六）其他收入，即本条上述规定范围以外的各项收入，包括投资收益、利息收入、捐赠收入、非本级财政补助收入、租金收入等。

第十八条 事业单位应当将各项收入全部纳入单位预算，统一核算，统一管理，未纳入预算的收入不得安排支出。

第十九条　事业单位对按照规定上缴国库或者财政专户的资金，应当按照国库集中收缴的有关规定及时足额上缴，不得隐瞒、滞留、截留、占用、挪用、拖欠或坐支。

第四章　支出管理

第二十条　支出是指事业单位开展业务及其他活动发生的资金耗费和损失。

第二十一条　事业单位支出包括：

（一）事业支出，即事业单位开展专业业务活动及其辅助活动发生的基本支出和项目支出。基本支出，是指事业单位为保障其单位正常运转、完成日常工作任务所发生的支出，包括人员经费和公用经费；项目支出，是指事业单位为完成其特定的工作任务和事业发展目标所发生的支出。

（二）经营支出，即事业单位在专业业务活动及其辅助活动之外开展非独立核算经营活动发生的支出。

（三）对附属单位补助支出，即事业单位用财政补助收入之外的收入对附属单位补助发生的支出。

（四）上缴上级支出，即事业单位按照财政部门和主管部门的规定上缴上级单位的支出。

（五）其他支出，即本条上述规定范围以外的各项支出，包括利息支出、捐赠支出等。

第二十二条　事业单位应当将各项支出全部纳入单位预算，实行项目库管理，建立健全支出管理制度。

第二十三条　事业单位的支出应当厉行节约，严格执行国家有关财务规章制度规定的开支范围及开支标准；国家有关财务规章制度没有统一规定的，由事业单位规定，报主管部门和财政部门备案。事业单位的规定违反法律制度和国家政策的，主管部门和财政部门应当责令改正。

第二十四条 事业单位从财政部门和主管部门取得的有指定项目和用途的专项资金,应当专款专用、单独核算,并按照规定报送专项资金使用情况的报告,接受财政部门或者主管部门的检查、验收。

第二十五条 事业单位应当加强经济核算,可以根据开展业务活动及其他活动的实际需要,实行成本核算。成本核算的具体办法按照国务院财政部门相关规定执行。

第二十六条 事业单位应当严格执行国库集中支付制度和政府采购制度等有关规定。

第二十七条 事业单位应当依法加强各类票据管理,确保票据来源合法、内容真实、使用正确,不得使用虚假票据。

第五章 结转和结余管理

第二十八条 结转和结余是指事业单位年度收入与支出相抵后的余额。

结转资金是指当年预算已执行但未完成,或者因故未执行,下一年度需要按照原用途继续使用的资金。结余资金是指当年预算工作目标已完成,或者因故终止,当年剩余的资金。

经营收支结转和结余应当单独反映。

第二十九条 财政拨款结转和结余的管理,应当按照国家有关规定执行。

第三十条 非财政拨款结转按照规定结转下一年度继续使用。非财政拨款结余可以按照国家有关规定提取职工福利基金,剩余部分用于弥补以后年度单位收支差额;国家另有规定的,从其规定。

第三十一条 事业单位应当加强非财政拨款结余的管理,盘活存量,统筹安排、合理使用,支出不得超出非财政拨款结余规模。

第六章　专用基金管理

第三十二条　专用基金是指事业单位按照规定提取或者设置的有专门用途的资金。

专用基金管理应当遵循先提后用、专款专用的原则，支出不得超出基金规模。

第三十三条　专用基金包括职工福利基金和其他专用基金。

职工福利基金是指按照非财政拨款结余的一定比例提取以及按照其他规定提取转入，用于单位职工的集体福利设施、集体福利待遇等的资金。

其他专用基金是指除职工福利基金外，按照有关规定提取或者设置的专用资金。

第三十四条　事业单位应当将专用基金纳入预算管理，结合实际需要按照规定提取，保持合理规模，提高使用效益。专用基金余额较多的，应当降低提取比例或者暂停提取；确需调整用途的，由主管部门会同本级财政部门确定。

第三十五条　各项基金的提取比例和管理办法，国家有统一规定的，按照统一规定执行；没有统一规定的，由主管部门会同本级财政部门确定。

第七章　资产管理

第三十六条　资产是指事业单位依法直接支配的各类经济资源。

第三十七条　事业单位的资产包括流动资产、固定资产、在建工程、无形资产、对外投资、公共基础设施、政府储备物资、文物文化资产、保障性住房等。

第三十八条　事业单位应当建立健全单位资产管理制度，明确资产使用人和管理人的岗位责任，按照国家规定设置国有资产台账，加强和规范资产配置、使用和处置管理，维护资产安全完整，提高资产使用效率。涉及资产评估的，按照国家有关规定执行。

事业单位应当汇总编制本单位行政事业性国有资产管理情况报告。

事业单位应当定期或者不定期对资产进行盘点、对账。出现资产盘盈盘亏的，应当按照财务、会计和资产管理制度有关规定处理，做到账实相符和账账相符。

事业单位对需要办理权属登记的资产应当依法及时办理。

第三十九条 事业单位应当根据依法履行职能和事业发展的需要，结合资产存量、资产配置标准、绩效目标和财政承受能力配置资产。优先通过调剂方式配置资产。不能调剂的，可以采用购置、建设、租用等方式。

第四十条 流动资产是指可以在一年以内变现或者耗用的资产，包括现金、各种存款、应收及预付款项、存货等。

前款所称存货是指事业单位在开展业务活动及其他活动中为耗用或出售而储存的资产，包括材料、燃料、包装物和低值易耗品以及未达到固定资产标准的用具、装具、动植物等。

事业单位货币性资产损失核销，应当经主管部门审核同意后报本级财政部门审批。

第四十一条 固定资产是指使用期限超过一年，单位价值在1000元以上，并在使用过程中基本保持原有物质形态的资产。单位价值虽未达到规定标准，但是耐用时间在一年以上的大批同类物资，作为固定资产管理。

行业事业单位的固定资产明细目录由国务院主管部门制定，报国务院财政部门备案。

第四十二条 在建工程是指已经发生必要支出，但尚未达到交付使用状态的建设工程。

在建工程达到交付使用状态时，应当按照规定办理工程竣工财务决算和资产交付使用，期限最长不得超过1年。

第四十三条 无形资产是指不具有实物形态而能为使用者提供某种权利的资产，包括专利权、商标权、著作权、土地使用权、非专利技术以及其他财产权利。

事业单位转让无形资产取得的收入、取得无形资产发生的支出，应当按照国家有关规定处理。

第四十四条 对外投资是指事业单位依法利用货币资金、实物、无形资产等方式向其他单位的投资。

事业单位应当严格控制对外投资。利用国有资产对外投资应当有利于事业发展和实现国有资产保值增值，符合国家有关规定，经可行性研究和集体决策，按照规定的权限和程序进行。事业单位不得使用财政拨款及其结余进行对外投资，不得从事股票、期货、基金、企业债券等投资，国家另有规定的除外。

事业单位应当明确对外投资形成的股权及其相关权益管理责任，按照国家有关规定将对外投资形成的股权纳入经营性国有资产集中统一监管体系。

第四十五条 公共基础设施、政府储备物资、文物文化资产、保障性住房等资产管理的具体办法，由国务院财政部门会同有关部门制定。

第四十六条 事业单位资产处置应当遵循公开、公平、公正和竞争、择优的原则，严格履行相关审批程序。

事业单位出租、出借资产应当严格履行相关审批程序。

第四十七条 事业单位应当在确保安全使用的前提下，推进本单位大型设备等国有资产共享共用工作，可以对提供方给予合理补偿。

第八章 负债管理

第四十八条 负债是指事业单位所承担的能以货币计量，需要以资产或者劳务偿还的债务。

第四十九条 事业单位的负债包括借入款项、应付款项、暂存款项、应缴款项等。

应缴款项包括事业单位按照国家有关规定收取的应当上缴国库或者财政专户的资金、应缴税费，以及其他应当上缴的款项。

第五十条 事业单位应当对不同性质的负债分类管理，及时清理并按照规定办理结算，保证各项负债在规定期限内偿还。

第五十一条 事业单位应当建立健全财务风险预警和控制机制，规范和加强借入款项管理，如实反映依法举借债务情况，严格执行审批程序，不得违反规定融资或者提供担保。

第九章 事业单位清算

第五十二条 事业单位发生划转、改制、撤销、合并、分立时，应当进行清算。

第五十三条 事业单位清算，应当在主管部门和财政部门的监督指导下，对单位的财产、债权、债务等进行全面清理，编制财产目录和债权、债务清单，提出财产作价依据和债权、债务处理办法，做好资产和负债的移交、接收、划转和管理工作，并妥善处理各项遗留问题。

第五十四条 事业单位清算结束后，经主管部门审核并报财政部门批准，其资产和负债分别按照下列办法处理：

（一）因隶属关系改变，成建制划转的事业单位，全部资产和负债无偿移交，并相应划转经费指标。

（二）转为企业的事业单位，全部资产扣除负债后，转作国家资本金。

（三）撤销的事业单位，全部资产和负债由主管部门和财政部门核准处理。

（四）合并的事业单位，全部资产和负债移交接收单位或者新组建单位，合并后多余的资产由主管部门和财政部门核准处理。

（五）分立的事业单位，全部资产和负债按照有关规定移交分立后的事业单位，并相应划转经费指标。

第十章　财务报告和决算报告

第五十五条　事业单位应当按国家有关规定向主管部门和财政部门以及其他有关的报告使用者提供财务报告、决算报告。

事业单位财务会计和预算会计要素的确认、计量、记录、报告应当遵循政府会计准则制度的规定。

第五十六条　财务报告主要以权责发生制为基础编制，综合反映事业单位特定日期财务状况和一定时期运行情况等信息。

第五十七条　财务报告由财务报表和财务分析两部分组成。财务报表主要包括资产负债表、收入费用表等会计报表和报表附注。财务分析的内容主要包括财务状况分析、运行情况分析和财务管理情况等。

第五十八条　决算报告主要以收付实现制为基础编制，综合反映事业单位年度预算收支执行结果等信息。

第五十九条　决算报告由决算报表和决算分析两部分组成。决算报表主要包括收入支出表、财政拨款收入支出表等。决算分析的内容主要包括收支预算执行分析、资金使用效益分析和机构人员情况等。

第十一章　财务监督

第六十条　事业单位财务监督主要包括对预算管理、收入管理、支出管理、结转和结余管理、专用基金管理、资产管理、负债管理等的监督。

第六十一条 事业单位财务监督应当实行事前监督、事中监督、事后监督相结合,日常监督与专项监督相结合。

第六十二条 事业单位应当建立健全内部控制制度、经济责任制度、财务信息披露制度等监督制度,依法公开财务信息。

第六十三条 事业单位应当遵守财经纪律和财务制度,依法接受主管部门和财政、审计部门的监督。

第六十四条 各级事业单位、主管部门和财政部门及其工作人员存在违反本规则规定的行为,以及其他滥用职权、玩忽职守、徇私舞弊等违法违规行为的,依法追究相应责任。

第十二章 附 则

第六十五条 事业单位基本建设投资的财务管理,应当执行本规则,但国家基本建设投资财务管理制度另有规定的,从其规定。

第六十六条 参照公务员法管理的事业单位财务制度的适用,由国务院财政部门另行规定。

第六十七条 接受国家经常性资助的社会力量举办的公益服务性组织和社会团体,依照本规则执行;其他社会力量举办的公益服务性组织和社会团体,可以参照本规则执行。

第六十八条 下列事业单位或者事业单位特定项目,执行企业财务制度,不执行本规则:

(一)纳入企业财务管理体系的事业单位和事业单位附属独立核算的生产经营单位;

(二)事业单位经营的接受外单位要求投资回报的项目;

(三)经主管部门和财政部门批准的具备条件的其他事业单位。

第六十九条 行业特点突出，需要制定行业事业单位财务管理制度的，由国务院财政部门会同有关主管部门根据本规则制定。

第七十条 省、自治区、直辖市人民政府财政部门可以根据本规则结合本地区实际情况制定事业单位具体财务管理办法。

第七十一条 本规则自 2022 年 3 月 1 日起施行。《事业单位财务规则》（财政部令第 68 号）同时废止。

附录二

本书所涉文件目录

宪　法

2018 年 3 月 11　　　　宪法

法　律

2024 年 2 月 27 日　　　保守国家秘密法
2023 年 12 月 29 日　　 公司法
2023 年 12 月 29 日　　 刑法
2021 年 10 月 23 日　　 审计法
2021 年 1 月 22 日　　　行政处罚法
2019 年 4 月 23 日　　　反不正当竞争法
2018 年 12 月 29 日　　 预算法
2018 年 12 月 29 日　　 公务员法
2015 年 8 月 29 日　　　商业银行法
2015 年 7 月 1 日　　　 国家安全法
2015 年 4 月 24 日　　　税收征收管理法
2015 年 4 月 24 日　　　证券投资基金法
2014 年 8 月 31 日　　　注册会计师法
2003 年 12 月 27 日　　 中国人民银行法
2000 年 10 月 31 日　　 国家通用语言文字法

行政法规及文件

2016 年 2 月 6 日　　　 税收征收管理法实施细则
2011 年 1 月 8 日　　　 总会计师条例
2000 年 6 月 21 日　　　企业财务会计报告条例

部门规章及文件

2023年12月22日	公开发行证券的公司信息披露编报规则第15号——财务报告的一般规定（2023年修订）
2023年12月22日	公开发行证券的公司信息披露解释性公告第1号——非经常性损益（2023年修订）
2023年9月5日	农村集体经济组织会计制度
2023年8月1日	财政部关于印发《企业数据资源相关会计处理暂行规定》的通知
2023年1月28日	行政单位财务规则
2022年11月18日	财政总会计制度
2022年6月16日	道路交通事故社会救助基金会计核算办法
2022年5月26日	财政部关于印发外商投资企业执行《企业会计制度》问题解答的通知
2022年5月25日	财政部关于印发《资产管理产品相关会计处理规定》的通知
2022年1月7日	事业单位财务规则
2021年12月13日	环境保护档案管理办法
2021年9月22日	乡镇档案工作办法
2020年12月3日	财政票据管理办法
2020年4月29日	非金融机构支付服务管理办法
2020年4月20日	住宅专项维修资金会计核算办法
2020年3月3日	新型农业经营主体和服务主体高质量发展规划
2019年3月14日	代理记账管理办法
2019年3月14日	会计基础工作规范

2018年12月29日	社会保障基金财政专户会计核算办法
2018年7月1日	会计专业技术人员继续教育规定
2018年6月4日	电子商业汇票系统管理办法
2017年11月23日	村级档案管理办法
2017年10月24日	政府会计制度——行政事业单位会计科目和报表
2015年12月11日	会计档案管理办法
2015年10月23日	政府会计准则——基本准则
2014年7月23日	企业会计准则——基本准则
2011年1月8日	财政违法行为处罚处分条例
2010年9月27日	利用住房公积金发放保障性住房建设项目贷款相关业务会计核算办法
2008年8月19日	土地储备资金会计核算办法（试行）
2006年12月4日	企业财务通则
2006年3月9日	企业会计准则第28号——会计政策、会计估计变更和会计差错更正
2004年8月18日	民间非营利组织会计制度
2001年2月20日	财政部门实施会计监督办法
2000年12月29日	企业会计制度
2000年7月14日	建设部社会团体管理办法

地方性法规及文件

2022年9月23日	甘肃省会计管理条例
2019年7月31日	陕西省会计管理条例
2018年4月26日	黑龙江省会计管理条例

图书在版编目（CIP）数据

会计法一本通／法规应用研究中心编. --北京：中国法制出版社，2024.7. --（法律一本通）.
ISBN 978-7-5216-4582-8

Ⅰ．D922.26

中国国家版本馆 CIP 数据核字第 20249MK523 号

责任编辑：谢　雯　　　　　　　　　　封面设计　杨泽江

会计法一本通
KUAIJIFA YIBENTONG

编者/法规应用研究中心
经销/新华书店
印刷/三河市紫恒印装有限公司
开本/880 毫米×1230 毫米　32 开　　　　印张/ 8.375　字数/ 191 千
版次/2024 年 7 月第 1 版　　　　　　　　2024 年 7 月第 1 次印刷

中国法制出版社出版
书号 ISBN 978-7-5216-4582-8　　　　　　定价：32.00 元

北京市西城区西便门西里甲 16 号西便门办公区
邮政编码：100053　　　　　　　　　　传　真：010-63141600
网址：http://www.zgfzs.com　　　　　　编辑部电话：010-63141797
市场营销部电话：010-63141612　　　　印务部电话：010-63141606

（如有印装质量问题，请与本社印务部联系。）